KB035063

AI로 브랜딩하다

AI로 브랜딩하다

초판 1쇄 2023년 6월 16일
초판 2쇄 2023년 8월 18일

지은이 서지영 임승철
펴낸이 최경선
편집장 유승현 **편집2팀장** 정혜재

책임편집 이예슬
마케팅 김성현 한동우 구민지
경영지원 김민화 오나리
디자인 김보현 이은설

펴낸곳 매경출판㈜
등록 2003년 4월 24일(No. 2-3759)
주소 (04557) 서울시 중구 충무로 2 (필동1가) 매일경제 별관 2층 매경출판㈜
홈페이지 www.mkpublish.com **스마트스토어** smartstore.naver.com/mkpublish
페이스북 @maekyungpublishing **인스타그램** @mkpublishing
전화 02)2000-2612(기획편집) 02)2000-2646(마케팅) 02)2000-2606(구입 문의)
팩스 02)2000-2609 **이메일** publish@mkpublish.co.kr
인쇄 · 제본 ㈜M-print 031)8071-0961
ISBN 979-11-6484-580-4(03320)

© 서지영 · 임승철 2023

책값은 뒤표지에 있습니다.
파본은 구입하신 서점에서 교환해 드립니다.

서지영 임승철 지음

AI로 브랜딩하다

매일경제신문사

일러두기

1. 도서는 《 》, 작품명 · 신문 · 영화는 〈 〉로 묶어 표기했습니다.
2. 이 책의 이미지는 저작권자의 허락을 받았으며, 그렇지 못한 일부는 확인되는 대로 절차를 밟도록 하겠습니다.
3. 이 책에 수록된 모든 AI의 답변은 현행 맞춤법에 어긋나지 않는 범위 내에서 가공 없이 원문 그대로 표기했음을 알립니다. 길이가 일정 분량을 넘는 영어 원문의 경우 가독성을 높이기 위해 일부 중략했습니다.

브랜딩을 처음 시작하는 그대를 응원합니다

저는 처음의 시작에 서 있는 사람들을 만나서 도움을 주는 일을 합니다. 조심스럽게 창업의 문을 두드리거나, 브랜드 기획자가 되고 싶어서 교육기관을 찾아왔거나, BI 디자이너가 되기 위해 배움을 얻고자 하는 분들, 새로운 사업을 시작하면서 자신만의 브랜드 강점을 표현해줄 로고 제작을 원하는 분들을 만나기도 합니다. 모두가 처음인 상태로 찾아오기 때문에 최대한 쉬운 용어로 강의를 진행하고 눈높이에 맞춘 언어로 전문적인 이야기를 전합니다.

새로운 시작은 항상 조심스럽고 어려우며 '할 수 있을까?' 하는 고민이 담기기 마련입니다. 그럼에도 할 수 있다는 열정과 희망으로 브랜딩을 시작하고자 하는 분들에게 도움이 되기를 바라며 그들의 눈높이에서 최대한 압축하고 쉬우면서도 필요한 이론과 실전 경험들을 담아 강의를 합니다. 수천 명의 수강생을 만나고 지도하면서 받은 질문과 피드백을 바탕으로 다듬어진 설명을 이 책에 담았습니다. BI/CI 디자인과 기획에 막연함을 느끼는 분들에게 원론적인 이론보다는 챗GPT와 그 밖의 여러 AI의 도움을 받아 따라 하면 바로 적용할 수 있는 방법을 소개하면서 브랜딩에 관한 이야기를 풀어나가고자 했습니다.

이 책은 브랜딩을 처음 시작하려는 기획자, 디자이너, 창업자들의 시선으로 최대한 간결하고 쉽고 이해하기 쉬운 용어들로 풀어서 브랜딩을 설명하고 있으니 책을 읽으시는 모든 분들께 작게나마 도움이 되기를 바랍니다. 더불어 좋은 책이 완성될 수 있도록 애써주신 이예슬 편집자님께 너무도 감사한 뜻을 전하며, 원고를 집필하는 동안 응원해준 가족들에게 무한한 사랑을 보냅니다.

서 지 영

살아남기 위해서 했던 브랜딩

국내외에서 여러 개인 사업을 했습니다. 다양한 상황들에 직면했었고 헤쳐서 나가야만 했습니다. 브랜드 기획부터 운영까지 모든 걸 다 책임지고 해야만 했기에 항상 끝없이 고뇌하고 연구해서 필드에서 부딪혀야만 했습니다. 심지어 사업 대부분의 무대가 해외였고, 나만의 특색을 어필하지 못하면 이방인인 저는 타지에서 살아남을 수가 없었습니다. 그렇게 저는 브랜딩을 꼭 잘해내야만 했습니다.

처음에는 브랜딩이라는 단어도 몰랐지만, 타지에서 살아남으려면 다른 브랜드들과 차별화할 수 있는 '우리 브랜드만의 특색'을 만들어야 한다는 것은 알고 있었습니다. 하지만 주위에 이런 것들에 대해 물어볼 사람도, 지식을 얻을 곳도 없었습니다. 그래서 결국 저는 사비를 들여서 브랜드 디자이너를 고용할 수밖에 없었습니다. 브랜딩 전문가에게 맡기면 비용이 상당히 많이 든다는 것을 알게 된 때는 이미 수천만 원을 브랜딩 비용으로 쓴 뒤였습니다.

힘들게 완성한 브랜딩은 저에게 많은 가르침을 안겨줬습니다. 백인, 흑인, 아시안 등 인종과 문화를 뛰어넘어서 많은 고객이 우리 브랜드에 열광했고 팬덤Fandom이 형성됐습니다. 인스타 팔로워는 천 명 남짓에서 만 명 가까이가 되었고, 매출은 1년 만에 10배가 늘었습니다. 프랜차이즈 문의가 들어오고, 브랜드 이름을 내건 제품도 만들어서 판매하게 되었습니다. '맨땅에 브랜딩'을 여러 번 해보니 나중에는 브랜딩이 크게 어려울 것이 없었습니다. 저도 모르는 사이에 어느 환경에서든 상황에 맞게 브랜딩을 할 수 있는 전문가가 되어 있었습니다. 하지만 여러 경험을 쌓은 후에 시작했던 사업에서도 시각적 요소를 자문받고 디자인 작업을 진행하기 위해 브랜드 디자이너는 고용해야만 했습니다. 새로운 브랜드를 준비하는 1년이라는 기간 동안 들인 비용이 무려 천만 원가량이었습니다.

사업과 브랜딩이라는 것이 혼자 모든 것을 다하기에는 너무 벅차고 힘들 수가 있습니다. 저 또한 그랬었고, 항상 좋은 파트너들과 함께했을 때 앞으로 나아갈 수가 있었습니다. 이제는 이 책이 여러분의 든든한 파트너가 되어드릴 것입니다. 여러분은

제가 겪었던 고충을 겪지 않고, 시간과 비용을 낭비하지 않았으면 하는 바람입니다. 여러분의 사업과 브랜딩 성장에 이 책이 도움이 되길 진심으로 바랍니다. 그 당시 동고동락하며 함께 브랜딩을 했던 죽마고우 이광원과 저에게 새로운 길을 열어주신 인생의 멘토 서지영 선생님께 감사의 인사를 드립니다.

임 승 철

CONTENTS

PART 1

AI와 브랜딩

CHAPTER 1 브랜딩이 왜 필요할까?

바야흐로 브랜딩의 시대이다. 브랜딩Branding은 브랜드를 만들어가는 일련의 과정 속에 있다. 우리는 시각 · 청각 · 촉각 · 미각 · 후각을 통해 대상을 받아들인다. 브랜드는 사람의 마음을 파고드는 무형의 감정적 존재이기 때문에 소비자와 만나는 모든 오감의 접점이 브랜딩으로 작용한다.

국내 교보문고 서점을 방문하면 독특한 향기가 후각을 자극한다. '향기는 책을 깨우고, 책은 향기를 품는다'는 슬로건 아래 유칼립투스와 편백 나무로 조향된 향기는 방문하는 이들의 기억 속에 남는다. 교보문고는 오래된 서점에서 편안하게 책 읽는 기분을 향기에 담아 브랜딩에 적용했다. 이 시그니처 향기는 무언의 손짓으로 독자를 불러들이는 일종의 상징이다.

일본의 유명 서점 츠타야TSUTAYA는 스타벅스와 함께 'BOOK&CAFE'를 운영한다. 츠타야 매장 내부에는 커피를 즐기면서 책을 읽을 수 있는 공간으로 스타벅스가 자리 잡고 있다. 스타벅스에서 음료를 구입하면 츠타야에 있는 책을 가져와 읽을 수 있다. 커피의 향기를 통한 '후각', 커피를 마시면서 느껴지는 '미각', 책을 보고 만지며 전달되는 '시각'과 '촉각' 자극까지 다채로운 감각을 동원했다. 또 직원과 손님의 유대 관계를 중시하는 스타벅스는 고객이 사이렌 오더Siren Order로 음료를 구입할 때 고객의 아이디를 직접 불러주기도 한다. 청각적인 소통이 일어나는 것이다. 이렇게 유대감과 신뢰감을 쌓으면서, 고객이 서점에서 시간을 보낼 때 편안한 감정을 오롯이 느낄 수 있도록 했다. 교보문고도 서점 내 스타벅스를 유치하고 스타벅스 에디션을 제작해 판매하는 등 고객과의 서비스 접점을 활용해 다양한 브랜딩 전략을 내세우고 있다.

떠올렸을 때 고급스럽고도 편안한 이미지가 연상되는 브랜드들은 이렇게 자사의 브랜딩에 많은 노력과 시간을 들이고 있다. 우리가 좋아하는 기업들이 브랜딩과 사용자 경험을 중요하게 생각한다는 것만은 분명하다. 멋있는 브랜딩이 좋다는 건 잘 알겠는데, 추상적인 개념이라 감이 잘 오지 않을 수 있다. 그렇다면 브랜딩이란 대체 뭘까? 우리가 창업을 하고, 디자인을 할 때 브랜딩이 필요한 이유에 대해 먼저 말해볼까 한다.

브랜딩은 좋아하는 마음과 같다

시간이 여유로워 무엇을 할까 생각에 잠길 때가 있다. 만나고 싶었던 친구, 가고 싶었던 장소, 보고 싶었던 영화와 같이 우리의 마음속에 자리 잡고 있던 것들이 자연스럽게 떠오른다. 오랜만에 연락을 해도 반갑게 맞아주는 친구처럼, 어떤 제품이나 서비스가 고객의 마음속에 자리잡도록 하는 방식을 '브랜딩'이라고 부른다. 브랜딩은 '브랜드'라는 대상에 대한 형태가 없고 보이지 않는 감정이다. 계속 보고 싶고, 곁에 두고 싶도록 사물이나 서비스의 이미지를 형성하는 것이다. 시간이 날 때 꼭 가고 싶다고 생각했던 여행지, 지갑에 여유가 생기면 꼭 사고 싶었던 물건도 모두 브랜딩의 결과로 우리의 마음 한편을 차지한 것이다.

따뜻한 아메리카노 한 잔을 마셔도 우리는 다양한 생각과 경험에 따라 브랜드를 결정한다. 카페의 위치, 커피의 가격, 원두의 로스팅 정도, 단골손님을 알아보고 반갑게 눈인사로 맞아주는 바리스타의 친절함까지. 그 브랜드를 소비하는 데 필요한 모든 정보가 만들어지는 과정이 브랜딩이다. 아침에 일어나서 잠들 때까지 우리는 무수히 많은 브랜드를 접한다. 스쳐가는 수많은 브랜드 중에서 긍정적인 감정을 불러일으키며 기억 속에 각인되는 브랜드를 찾아 선택하게 된다.

브랜딩은 좋은 친구를 만나는 것과 같다

브랜드를 한 명의 사람이라고 생각해보자. 누군가를 처음 만나는 장소에서 상대방에게 나를 소개하듯이 브랜드를 만들 때는 외모에서 시각적인 이미지를 만들고, 대화의 높낮이와 내용 등으로 브랜드만의 고유한 생각을 알릴 수 있다. 그 사람의 표정과 외모, 옷차림처럼 겉으로 드러나는 부분은 눈으로 바로 볼 수 있다. 사람의 첫인상에서 얻을 수 있는 이미지는 브랜드의 시각적 이미지와 같다. 반면, 외모와는 별도로 사람을 만나고 이야기를 나누다 보면 마음가짐, 사고방식 등 행동과 말에서 느껴지는 감정이 생겨난다. 이것은 브랜드의 철학이자 '브랜드 아이덴티티Identity'라고도 볼 수 있다. 브랜드 아이덴티티는 4장에서 다룰 브랜드 스토리와 메시지, 톤앤매너에 해당하는 브랜드의 정체성이다.

나와 꼭 맞는 친구를 떠올렸을 때 친구의 외모와 표정, 말투, 자주 하는 습관들과 더불어 같이 나눈 재밌었던 추억이 생각날 것이다. 잘 짜인 브랜딩은 친구와 재미난 시간을 보내면서 함께 추억을 나눈 것과도 같다. 친구에게 끌린 너의 마음이 우정을 만들듯이 브랜딩은 브랜드와 고객 사이의 추억을 쌓아나가는 과정이라 할 수 있다.

소비자는 무엇을 원할까?

브랜딩의 목적은 우리 회사의 제품이나 서비스를 알려서 소비자에게 소구점을 주는 것이다. 소구점이란 소비자가 '아! 이건 지금 꼭 사야해!' 하고 비용을 지불하는 바로 그 지점이다. 먼저 소비자의 입장으로 돌아가 물건을 구입하는 과정을 떠올려보자.

TV나 잡지를 보다가 내가 좋아하는 배우가 입은 옷이 너무나 마음에 드는 순간이 있다. '어? 저 옷을 입으면 나도 저 배우처럼 멋지게 보일까? 사고 싶다!' 하는 생각을 하게 된다. 그런데 때마침 TV를 볼 때마다 해당 광고가 반복적으로 노출된다. 광고를 계속 보니까 저 옷이 나에게 잘 어울릴 것만 같다. 갖고 싶은 욕망이 점점 커진다. 이건 꼭 사야겠다는 생각이 들었을 때, 상점에 가서 그 옷을 구입한다. 소비자 행동 모델 중에서도 이렇게 주의Attention → 흥미Interest → 욕망Desire → 기억Memory → 행동Action으로 이어지는 전통적인 구매 방식을 'AIDMA'라고 한다. 미국의 경제학자 롤랜드 홀Roland Hall이 제시한 AIDMA 모델은 1920년대부터 2000년대까지 마케팅의 기본 원칙이었다.

2000년대에 인터넷과 스마트폰이 등장한 이후, 소비자는 더 이상 기업이 일방적으로 전하는 메시지에 귀를 기울이지 않게 됐다. 소비자는 옷을 사러 매장에 가서도 스마트폰으로 가격과 품질을 비교한 후기를 참고한다. 결국 소비자는 온라인에서 수

집한 정보를 토대로 물건을 구매한다. 일본의 광고회사 덴츠는 시대에 맞춘 새로운 소비자 행동 모델, AISAS를 제시했다. AISAS는 주의Attention → 흥미Interest → 검색Search → 행동Action → 공유Share의 약자이며, 롤랜드 홀의 모델에서 검색과 공유 단계가 추가됐다. 소비자들은 흥미를 느끼면 해당 제품에 대한 검색을 해서 후기를 읽고 검증된 제품을 값싸게 구입하기 위한 행동을 하게 된다. 구매자는 물건을 사용해보고 마음에 들면 후기를 남기고, 다른 소비자들은 이 후기를 참고해서 구매를 하게 되는 순환이 이루어진다.

최근의 소비자는 여기서 더 나아가 브랜드의 '핵심가치', '스토리', '메시지'가 소비 행동의 주요 기준이다. 내가 구입하는 제품을 만드는 기업이 어떤 이념을 가지고 있는지, 돈쭐(착한 브랜드의 제품을 소비해 돈으로 혼쭐을 낸다는 의미의 신조어)을 낼 가치가 있는 기업인지를 고려하게 됐다. 그래서 브랜드가 하고 싶은 말, '아이덴티티 구축'은 더욱 중요하다. 고객에게 긍정적인 평가를 얻고 싶다면 브랜드에 특별함을 담아야 한다.

끌리는 것에는 이유가 있다

모든 끌리는 것에는 이유가 있다. 결국 '끌리는' 브랜드를 만드는 것이 브랜딩이다. 브랜드는 시각적으로 소유하고 싶은 외모를 만들어서 고객의 마음을 사고 브랜드 철학을 내세워 선택에 '쓸모'라는 당위를 준다. 그렇다면 끌리는 외모는 어떻게 만들 것이며, 브랜드의 철학을 담은 메시지는 어떤 방식으로 전달해야 할까.

브랜딩의 핵심, 끌리는 메시지를 만드는 전략을 주목성 · 시인성 · 지속성 · 일관성의 4가지 특성으로 쉽게 정리해봤다.

주목성

"이 재킷을 사지 마세요." 2011년 블랙프라이데이에 등장한 파타고니아의 광고는 제품을 하나라도 더 팔기 위한 다른 광고들과는 달랐다. 옷을 팔아 이윤을 남겨야 하는 아웃도어 브랜드에서 옷을 사지 말라고 광고하는 역설적인 카피는 단연 눈에 띄었다.

주목성은 눈에 띄는 성질이다. '눈에 띄는 것'은 내가 보려고 하지 않았으나 내 눈에 들어오는 것을 뜻한다. 다른 광고들과 정반대의 메시지를 전달하는 파타고니아의 광고는 나의 의도와는 상관없이 눈에 들어오고 기억에 남는다. 다른 광고와 구별되는 다름은 기억 속에 호기심 어린 물음표를 남기며 장기 기억으로 저장된다. '왜 자사 제품을 사지 말라고 광고를 하고 있을까?' 하는 물음표는 브랜드에 대한 느낌표를 낳는다. 여기서 더 나아가 이유를 알고 나면 브랜드의 철학을 이해하게 된다. 이를 차별화된 주목성이라고 부를 수 있다.

파타고니아의 광고는 환경을 생각하는 파타고니아만의 경영 철학이 잘 드러나 사람들의 주목을 끌었다. 이와 같이 비슷한 사물 여러 개가 있을 경우 차이가 뚜렷한 한 개의 사물만을 기억한다는 법칙을 '폰 레스토프 효과Von Restorff Effect'라고 한다. 주목성을 잘 활용하면 다른 브랜드와 차별화된 강점으로 고객들의 시선을 잡을 수 있다.

시인성

시인성은 눈에 잘 보이는 성질이다. '잘 보인다는 것'은 브랜드에 담은 핵심철학이 메시지로 드러나는 것을 의미한다. 주목성과는 다른 의미로 생각할 수 있다. 눈에 띄는 브랜딩을 하더라도 의미가 전달이 되지 않는 불분명한 메시지를 담는다면 그 브랜드는 쉽게 살아남지 못한다. 내가 알리고 싶은 우리 브랜드의 강점이 잘 보이도록 가장 효과적인 방법을 통해 브랜드의 핵심가치를 전달해야 한다. 차별화된 슬로건을 내세운 파타고니아는 주목성을 높이면서도 '환경 보호'라는 메시지를 담아 브랜드의 시인성을 강화했다.

지속성

지속성은 브랜드의 시인성을 지속적으로 유지하려는 성질이다. 사람들은 하루에도 셀 수 없이 많은 양의 광고를 본다. 거리를 지나면서 보는 수많은 옥외광고부터 작은 스마트폰 속에 펼쳐지는 화려한 광고들까지. 우리가 지나쳤던 광고들을 과연 다 기억이나 할 수 있을까? 당장 나이키는 기억해도 오늘 처음 들어 본 중소기업의 운동화 이름은 기억하지 못한다. Just Do It이라는 나이키의 명쾌한 슬로건은 살아오면서 긴 시간 동안 수도 없이 반복됐기 때문에 잊히지가 않는다.

오랜 시간만이 지속성을 쌓을 수 있는 것은 아니다. 파타고니아의 웹사이트를 방문하면 스크롤을 내리거나 페이지를 이동할 때마다 계속 등장하는 단어가 있다. 찾았는가? 바로 '지구'라는 단어다. '지구'를 되살리자는 메시지를 웹사이트에서도 반복해서 사용하고 있다. 또 활용하는 사진도 유사하다. 파타고니아는 웹사이트에 사람, 자연, 지구, 환경, 운동 등 동일한 메시지를 전달하는 시각적 요소를 일관되게 배치함으로써 브랜드에 지속성을 부여했다.

이처럼 오랜 세월 동안 반복된 노출은 장기 기억 속에 저장되어 브랜드의 핵심가치로 남게 된다. '밀러의 법칙Miller's Law에 따르면 사람은 평균 5~7개 항목으로 묶인 글을 더 잘 기억한다. 7자 내외의 낱자로 된 짧은 문장을 여러 번 보여주면 사람들의 장기 기억 속에 각인할 수 있다. 짧은 단어로 구성된 명쾌하고 정확한 슬로건과 메시지를 꾸준히 밀고 나가야 하는 이유이다.

일관성

브랜드가 만들어가는 일정한 목소리, 이것을 톤앤매너Tone and Manner라고 부른다. 파타고니아는 주목성, 시인성, 지속성을 톤앤매너에 맞게 일관성 있는 목소리로 전달하고 있다. 이처럼 브랜드를 이루는 여러 가지 요소들은 하나로 어우러져서 조화를 이뤄야 한다.

성공하는 브랜드는 로고, 웹사이트, 광고, 브랜드 철학까지 모든 요소를 하나의 목소리로 담는다. 그래서 오랜 시간 브랜드가 나아갈 방향을 모색하면서 일관성 있는 핵심가치를 설정하는 과정이 필요하다. 우리가 만들고자 하는 브랜드는 아직 메시지가 명확하게 정립되지 않았을 가능성이 크다. 우리 책이 제시하는 브랜딩 과정을 거쳐 짧고 강렬한 슬로건과 함께 일관된 이미지, 메시지를 지속적으로 전달해보기 바란다.

브랜드를 만들어가는 과정

브랜딩은 브랜드를 사용하는 소비자들과의 '관계'를 만들어나가는 것이기에 눈으로 확인할 수 없다. 일반적으로 창업을 하거나 브랜드를 만들 때 대부분은 로고를 만들어야 한다고 생각한다. 브랜드를 추상적인 개념으로 남겨두기보다는 '브랜드=로고'처럼 구체적이고 시각적인 형태로 만들고자 하는 것이다.

우리는 이 모호성을 보완하고, 더욱 합리적인 브랜딩을 전개하고자 영국 디자인카운슬Design Council의 '더블 다이아몬드 모델Double Diamond Model'을 활용하려 한다.

더블 다이아몬드 모델을 활용한 브랜딩 프로세스

'더블 다이아몬드 모델'은 디자인의 필요성 또는 문제점을 발견-정의-발전-전달하는 프로세스로 아이디어를 확산하고 수렴하는 과정을 반복해서 발전시키는 방법이다.

영국 디자인카운슬의 더블 다이아몬드 모델

발견 Discover	정의 Define	발전 Develop	전달 Deliver
확산적 사고	수렴적 사고	확산적 사고	수렴적 사고
❶ 브랜드 개발의 필요성 인지	❷ **〈브랜드 아이덴티티〉** 핵심가치 스토리 메시지 톤앤매너	❸ 이름 키워드 모티프	❹ **〈브랜드 비주얼 아이덴티티〉** 컬러 타이포그래피 로고 심볼

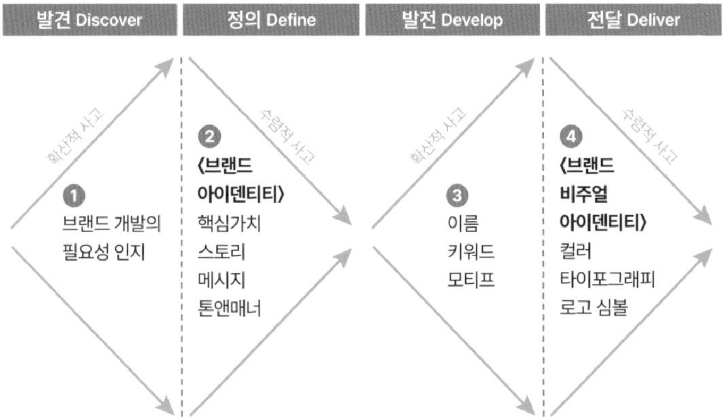

출처: 영국 디자인카운슬 웹사이트

① **발견Discover 단계:** 발견 단계에서는 브랜드 정의의 필요성 또는 문제점을 인식해 자료를 조사한다. 우리 책에서는 2 · 3장에서 이 과정을 진행하려고 한다. 챗GPT의 도움을 받아 발견 단계를 간소화할 것이다.

② **정의Define 단계:** 발견 단계에서 조사한 내용들을 다듬어 챗GPT에게 재질문하고, 나온 결과들을 수렴해 정리한다. 이 정의 단계는 4장 내용에 해당한다. 핵심가치 · 스토리 · 메시지 · 톤앤매너를 설정하면서 브랜드 아이덴티티를 확립할 것이다.

③ **발전Develop 단계:** 발전 단계에서는 브랜드 이름 · 키워드 · 모티프를 정리한다. 우리 책에서는 5장에서 발전 단계를 밟는다.

④ **전달Deliver 단계:** 컬러 · 타이포그래피 · 로고 심볼 등 브랜드를 시각화한 형태로 결과물을 만들어낸다. 6장에서 전달 단계를 진행할 것이다.

브랜딩과 브랜딩 프로세스에 대한 개념을 살펴봤다. 우리는 형태 · 색 · 크기가 있는 로고를 만들어 브랜드의 이미지를 실체화함과 동시에, 눈에 보이지 않는 브랜드 가치를 창출해 고객과의 관계를 만들어가는 방법을 다루고자 한다.

이 책의 AI 브랜딩 방법은 큰 기업의 자본과 인력이 투입된 프로젝트를 위한 것이 아니다. 소규모의 프로젝트를 수행하는 회사, 퍼스널 브랜딩이 필요한 개인 사업자, 새롭게 시작하는 스타트업, 소자본 창업을 염두에 두고 있는 사람들을 위한 스몰 브랜딩이다. 복잡하고 어려운 내용을 최대한 단순화해서 최소한의 인력으로도 운용이 가능한 효율적인 AI 브랜딩 프로세스를 밟을 것이다. 다음 장부터는 AI를 어떻게 브랜딩에 활용할 것인지 알아보고, 더블 다이아몬드 프로세스 과정에 맞춰서 함께 브랜딩을 시작해보도록 하자.

CHAPTER 2

AI로 브랜딩을 한다면?

브랜딩에 AI를 사용해야 하는 이유는 명확하다. 챗GPT의 등장으로 시장이 변화하면서, 광고 시장의 판도가 바뀌고 있기 때문이다. 브랜딩은 브랜드 홍보 즉, 마케팅과 깊은 연관이 있다. 여태 고객은 구글에 키워드를 입력하고 검색하는 방법으로 정보를 얻었다. 이 과정에서 노출되는 키워드 광고, 배너 광고 등으로 구글은 수익을 얻고 기업은 자사의 브랜드를 광고했다. 그러나 이제 고객들은 챗GPT의 등장으로 더 이상 정보를 찾기 위해 웹페이지를 헤매지 않아도 된다. 챗GPT가 원하는 정보를 즉각적으로 생성해주기 때문이다. 브랜드를 홍보하는 방식이 변화하면 소비자와의 접점을 찾아 브랜딩하는 방법이 변화할 수밖에 없다. 브랜딩에서도 AI의 활용이 적극 도입되어야 하는 이유이다.

이 책을 펼친 브랜드 기획자나 디자이너는 울상이 됐을지도 모르겠다. AI가 대단히 유능하다고 해서, 너무 낙담하지 않았으면 좋겠다. AI가 제아무리 기승을 부려도 넋 놓고 마냥 자리를 뺏길 수는 없으니 말이다. 먼저 이 현실을 받아들이고, 한 단계 더 나아가 이 프로세스를 이해한 사람들이 시장을 선점할 기회를 얻을 것이다. 용감하게 자신의 브랜드를 개척하고자 하는 사람에게는 기회이자 큰 희망이 될 수 있다. 더불어 자의든 타의든 AI 브랜딩 시대와 준비 없이 마주한 브랜드 기획자와 디자이너에게는 이번 장의 내용이 작은 위로와 힌트가 되었으면 한다.

브랜딩과 디자인에서 AI의 부상

AI를 활용한 브랜딩과 디자인은 생각보다 훨씬 더 많은 곳에서 이미 시작됐다. 브랜드 기획자, 디자이너는 물론 일러스트레이터, AR · VR 디자이너, 작가, 요리사, 영상 감독, 사운드 디자이너, 코스튬 디자이너, 무용가, 안무가 등 매우 다양한 직군에서 AI를 활용하고 있다. OpenAI에 따르면 2022년 7월 기준, 그림 이미지를 그려주는 인공지능 '달리DALL · E'를 사용하는 아티스트는 118개국 3,000명 이상이다.

필드에서는 AI를 어떻게 브랜딩에 활용하고 있을까?

언어 생성형 AI인 챗GPT는 데이터 분석과 시장조사, 브랜드 스토리텔링을 할 수 있다. 이미지 생성형 AI인 달리, 미드저니Midjourney, 빙Bing 이미지 크리에이터, 해치풀Hatchful 등을 활용하면 이미지 인사이트도 얻을 수 있다. 아직은 생성형 AI들이 초기 단계이기 때문에, 흥미 유발 위주의 프로젝트성 브랜딩에 주로 활용되고 있지만 그럼에도 불구하고 아래 사례들은 살펴볼 만한 가치가 있다.

1. 아이소도프

미국의 디자이너이자 아트디렉터인 제시카 월시Jessica Walsh는 독보적인 아우라를 갖춘 실험적인 작품세계로 유명하다. 다양한 이미지와 영상 타이포그래피를 활용해 독특한 이미지를 만들어내는 월시는 2022년 아이소도프Isodope의 웹사이트(isodope.com) 브랜딩에 생성형 AI 달리를 활용해서 눈길을 끌었다. 아이소도프는 원자력 전도사인 이사벨 보메크Isabelle Boemeke가 만들어낸 SNS 가상인격이다.

제시카 월시는 디진Dezeen과의 안터뷰에서, AI를 통해 아이소도프의 이미지 사례들을 연구해서 아이코노그래피iconography를 제작하고 아이소도프의 브랜딩 방향성을 표현했다고 밝혔다. 또한 AI를 활용해 웹사이트 전반에 걸친 브랜딩을 적용한 것은

출처: 아이소도프 웹사이트

AI 달리로 브랜딩한 SNS 가상인격 아이소도프

처음 있는 시도일 것이라고도 전했다. 새로운 기술인 AI가 디자인 도구로써 보여줄 수 있는 가능성을 제시한 것이다.

제시카 월시가 달리에 입력한 프롬프트는 "파란 모래와 크롬 볼과 화려한 미술상의 푸른 유성 바위가 존재하는 공상적인 세계에서 블루 블랙 록 질감으로 만들어진 빈티지 컴퓨터의 3D 모델(3D model of vintage computer made of blue-black rock texture in an otherworldly environment with blue sand and chrome balls and blue meteor rocks with colorful art direction)"과 "미소가 만면한 얼굴이 중앙에 있는 원자력을 상징하는 이미지(An image of a nuclear power symbol with a smiley face in the center)"이다.[1] 인류의 미래를 보호하는 것을 목표로 하는 가상인격 아이소도프를 인류의 새로운 미래를 상징하는 AI로 브랜딩한 것은 의미 있고 새로운 시도라고 볼 수 있다.

2. 코스모폴리탄

패션잡지인 코스모폴리탄은 미국판 표지 이미지를 AI를 활용해 만들어 선보였다. AI가 디자인한 세계 최초의 잡지 표지는 코스모폴리탄, OpenAI, 디지털 아티스트 카렌 X의 협업을 통해 만들어졌다. 디지털 아티스트인 카렌 X는 달리에게 "무한한 우주 안의 화성을 배경으로 스웨그 있게 카메라를 향해 걸어오는 강건한 여성 우주인을 하단 광각 앵글로 촬영한 사진, 신스웨이브 디지털 아트(Wide-angle shot from below of a female astronaut with an athletic feminine body walking with swagger toward camera on Mars in an infinite universe, synthwave digital art)"라는 프롬프트를 입력해 이미지를 생성했다.[2] 전문가들은 AI가 시각 예술가를 대체하지 않고 새로운 기회와 예술 형태를 창출할 것으로 믿고 있다.

미드저니로 디자인한 가상의 지스타로우 데님 꾸튀르 컬렉션 출처: 지스타로우 웹사이트

3. 지스타로우

네덜란드의 데님 브랜드 지스타로우G-Star RAW는 웹사이트(www.g-star.com)에 미드저니를 활용한 가상의 데님 컬렉션을 게시했다. 공개된 작품은 미래지향적인 동양 스타일 문양과 곡선미를 강조한 데님 꾸튀르(최고급 수제 의상) 컬렉션이다. 지스타로우는 미드저니에 '데님 케이프 형태', '모델 착용', '미래 지향적인', '테크웨어 패션' 등의 프롬프트를 입력해 디자인했다고 전했다.[3] 이미지 생성형 AI를 통한 새로운 아이디어의 발견과 시도가 디자이너의 창작성에 도움이 될 것인지는 아직 의견이 분분하다. 지스타로우는 AI의 잠재력을 실험해보고 또 지속적으로

활용하는 것이 패션 회사의 운영을 간소화하고 비용을 절감하는 데 도움이 될 것이라고 밝혔다.

도태될 것인가, 지배할 것인가

위의 예시들에서 봤다시피 브랜딩과 디자인 분야에서의 AI 활용은 더 이상 머나먼 미래의 일이나 남의 이야기가 아니다. AI는 꽤 아름답고 정교하며 창의적인 자료들을 즉각적으로 산출하고 있다. 세계적인 투자 은행 골드만삭스는 AI가 앞으로 정규직 일자리 3억 개를 대체할 수도 있다는 보고서를 발표했다. 지금 존재하는 일자리의 대부분이 사라진다는 의미이다. 이것은 이제 우리에게 닥친 피할 수 없는 현실이고 앞으로 더욱 빠르게 다양한 분야로 확장될 것이다.

미래에는 전 세계 99.9%의 사람들이 노동시장의 최하위 계층인 프레카리아트Precariat 계급으로 전락할 것이라는 연구 결과가 있다. 프레카리아트는 저임금 · 저숙련 노동에 시달리는 불안정 노동 무산 계급을 뜻한다. 그러면 최상위 계층 0.1%는 누가 차지하고 있을까? 서울대학교 유기윤 연구팀은 《미래 사회 보고서》에서 0.001%는 인공지능 플랫폼 소유자들이, 0.002%는 플랫폼 스타(인플루언서)들이, 놀랍게도 세 번째 계층은 사람이 아닌 인공지능이 될 것이라 예측했다. 미래의 99.9%의 사람들이 인공지능에게 일자리를 빼앗겨 마지막 계층으로 전락할 것이라는 뜻이다.

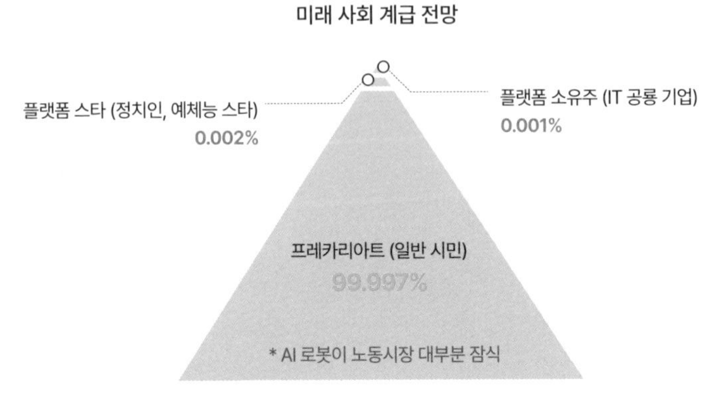

출처: 유기윤·김정옥·김지영, 《미래 사회 보고서》, 라온북, 2017.

하루가 다르게 신기술 소식이 들려온다. 조금 과격하게 표현하면 머리가 타들어가는 것만 같다. 매일 촉각을 곤두세우고 뉴스 기사를 검색하며 새로운 AI의 등장 소식을 듣고 있다. 슬프게도 우리는 사람이라 인공지능이 될 수는 없을 것이다. 그렇다고 플랫폼 소유자나 플랫폼 스타가 될 가능성도 희박하다. 그렇다면 우리 같은 일반인들에게 희망은 없는 것인가? 손 놓고 내가 살아 있는 동안의 일은 아니라고 계속 외면하기만 할 것인가?

빅데이터와 AI

세계적인 IT잡지 와이어드WIRED 창업자인 케빈 켈리Kevin Kelly는 《5000일 이후의 세계》에서 '새로운 테크놀로지는 일자리를 빼앗기보다 증가시킬 것이다. 물론 사라지는 일자리도 있겠지만 전체적으로 볼 때 더 많은 직업이 생겨날 것이다'라고 언급했다. 현재의 AI는 프롬프트Prompt(질문, 명령, 또는 작업을 시작하도록 하는 입력)를 입력해야 답을 구할 수 있다. 어떤 프롬프트를 입력해 질문을 하는지가 중요하기 때문에 생성형 AI에게 좋은 품질의 명령어를 입력하는 '프롬프트 엔지니어'가 각광받는 직업으로 떠오르기도 했다. 'AI가 일자리를 뺏을 것인가, 창출할 것인가'는 끝나지 않는 토론거리이다. 다만 우리는 예측할 수 없는 미래에 대비해 각자의 자리에서 할 수 있는 최선의 노력을 해야 한다.

케빈 켈리는 빅데이터를 '새로운 석유'라고 칭했다. 빅테이터를 확보하지 못하면 AI로 사업이 불가능하다는 것이다. 빅테이터를 소유한 거대 플랫폼 소유주가 아닌 이상 빅테이터를 확보하기는 어렵겠지만 빅데이터를 '활용'할 수는 있어야 한다. 빅데이터 기반의 정보를 개인이 현실에서 즉각 활용할 수 있도록 제공하는 웹사이트들이 있다. 가장 대표적인 예가 챗GPT다.

과거로 돌아가 보자. 챗GPT의 등장은 커다란 쇳덩이가 논밭을 가로지르면서 시커먼 회색 연기를 내뿜으며 달려가는 증기

기관차에 비유할 수 있다. 생전 처음 움직이는 쇳덩이를 본 사람들의 마음이 지금과 같았을까? 변혁은 어느 시대에나 존재하는 법이다. 변혁으로 찾아온 편리함에서 우리는 취할 것은 취하며 빠른 태세전환으로 흐름에 탑승해야 한다. 우리 같은 일반인도 살아남을 수 있는 길이 있다. 우리는 특별한 브랜드를 만들어 대체 불가능한 인간 지성이 될 수 있다. 결국은 AI를 통해서 빅데이터를 활용하고, 글로벌 공룡 기업과 견주었을 때 손색이 없는 브랜딩 퀄리티를 뽑아내는 누군가가 그 자리를 선점할 것이다.

이미지 생성형 AI가 브랜드 디자이너를 대체할 것인가?

생성형 AI의 등장은 새로운 디자인의 시대를 만들어낼 것이다. UX 디자인의 창시자이며 애플과 아이디오IDEO등 세계적인 기업에서 디자인을 관리한 도널드 노먼Donald Norman은 《디자인과 인간심리》에서 사용자 관점에서 바라보는 디자인 이론을 설명했다. 단순히 디자인 분야에 한정하지 않고, 사용자를 중시하는 브랜딩 관점으로 바라볼 수 있는 이론이다. 도널드 노먼에 따르면 잘 디자인된 물건은 사용자의 관점에서 편리하고 안전하다. 그는 사람이 어떻게 물건을 다루고 어떤 오류를 저지르는가, 무엇을 원하는가와 같은 사용자의 행동과 심리에 대한 이해가 필요하다고 했다. 도널드 노먼은 "가장 인간적인 디자인이 성공한다"며 제품, 서비스, 시스템 등을 디자인할 때 사용자의 관점과 요구를 최우선으로 고려하는 인간 중심 디자인을 해야 한다고 말한다. 그는 제품 또는 서비스의 디자인이 사용자들의 요구와 관점을 고려하지 않을 경우 실패할 가능성이 크다고 했다. 챗GPT가 선풍적인 인기를 끌며 출시 2개월 만에 월 이용자 1억 명을 돌파한 이유도 인간적인 매커니즘을 가졌기 때문이다. 인간의 신경망을 본떠 만든 챗GPT는 사용자 경험 디자인의 관점에서 본다면, 확실히 성공적인 결과물이다.

그런 의미에서 '이미지 생성형 AI가 브랜딩 디자이너를 대체할 것인가?'라는 질문은 맞지 않다. 이미지 생성형 AI가 만들어내는 것은 디자인이 아닌 '이미지'이기 때문이다. 《표준국어대사전》에 따르면 디자인은 의상, 공업 제품, 건축 따위의 '실용적인 목적'을 가진 조형 작품의 설계나 도안을 뜻한다. 이 '실용적인 목적'이라는 표현에 주목해야 한다. 목적이 없이 단순히 이미지만을 생성하는 행위는 디자인이라고 볼 수 없다. '디자인'은 단순히 창의적이고 보기에 좋은 이미지를 만들어내는 것이 아니라, 시대상을 반영하는 행위이다. 디자인은 소구 타깃이 명확하게 있는 '실용적인 목적'을 가지고, 트렌드를 반영해서 이윤을 추구하는 경제적 활동이다.

19세기 사진 기술의 발명으로 귀족의 초상화를 그려주며 생계를 이어가던 화가들은 설 자리를 잃었다. 그림보다 더 사실같이 찍어주는 사진 기술은 지금의 이미지 생성형 AI처럼 화가들의 생계를 위협했을 것이다. 하지만 화가들은 사진 기술에 맞서 붓과 캔버스를 들고 야외로 나갔다. 태양 빛이 시간에 따라 변화하며 만들어내는 아름다운 빛의 인상을 붓의 강렬한 터치와 색으로 그림 속에 녹여내어 이전에 없던 예술 세계를 창조해냈다. 미술사에 한 획을 그은 인상주의의 등장이었다. 이때부터 이미 예술 업계에서는 살아남기 위해 기획력을 갖춰야 했다. 기획력이란 스스로 생각할 수 있는 능력을 뜻한다. 대변혁의 시대에 변화와 시련은 오히려 더 위대한 예술을 탄생시켰던 것이다.

디자이너들은 이제 적극적으로 이미지 생성형 AI를 도구로 활용하는 방안을 모색해야 한다. 포토샵과 일러스트레이터 프로그램이 도구가 되어 연필과 붓 대신 이미지를 대신 만들어주었던 것처럼, AI는 머릿속 상상을 밖으로 표현해주는 도구로 변화하고 있다. 도구만 달라질 뿐, 생각과 창의력은 결과물에 그대로 남는다. 바꿔 말하면 생각과 창의력을 갖추고 AI를 도구로 활용할 줄 아는 사람은 모두 디자이너가 될 수 있다는 말이다. 변화의 소용돌이 속에 우리는 놓여 있다. 이 시대를 지나면 인상주의의 등장과 같은 또 다른 대변혁이 펼쳐질 것이라고 기대해본다.

우리는 어떻게 살아남아야 하는가

광고인 레오 맥기니바Leo McGinneva는 "드릴을 사는 사람은 드릴 그 자체를 사는 것이 아니라 드릴로 뚫을 수 있는 구멍을 사는 것이다"라고 말했다. 우리는 우리에게 필요한 것이 무엇인지 본질을 정확히 이해해야 한다. 브랜딩을 하기 위해 AI가 꼭 필요한 상황임을 깨닫고 인정했다면, AI를 '잘' 사용할 수 있도록 지식과 통찰력을 키우고, 능력을 갖춰야 한다. 그것이 바로 AI와 공존할 시대에 대체 불가능한 인력이 되는 방법일 것이다.

우리가 살아남기 위해서는 첫째로 '질문하기' 연습이 필요하다. 처음 챗GPT 사이트에 회원가입을 하고 질문을 하려고 하는데 무엇을 물어봐야 할지 머릿속이 텅 빈 것처럼 떠오르지 않았다. 챗GPT를 처음 접하는 사람들 대다수가 그렇다. 강의 중 학생들에게 질문을 하라고 하면 멀뚱히 쳐다보는 눈길들이 있다. 무슨 질문을 해야 하나 망설이면서 질문하기를 두려워한다.

두 번째 '생각하기'가 필요하다. 질문을 두려워하는 이유는 생각하는 습관이 결여되어 있어서다. 주체적으로 생각하는 습관을 들이면 질문할 수 있는 능력이 상승한다. 지금 현재 나의 상황에서 생각하기 습관을 들이자. 브랜드를 만들고자 한다면 내가 만들고 싶은 브랜드가 존재하는 이유, 왜 이 일을 해야 하는지에 대한 이유, 브랜드에 담고 싶은 스토리, 브랜드의 목표이자 사회에 기여하고 싶은 정도, 브랜드가 지키고 싶은 원칙에 대해 떠올려보면 좋다. 브랜드 디자이너라면 언어적 표현에 대해 적합한 이미지를 구상하거나 사람들의 습관, 태도, 외모 등에서 풍기는 이미지를 읽고 트렌드와 매칭해보는 생각 훈련이 필요할 것이다. 일상 속에서는 마음에 드는 물건을 보았을 때, 왜 갖고 싶은 마음이 드는가, 물건의 어떤 점에 끌리는 것인가 등 물건을 소유하고 싶은 욕망에 대해 생각해보면 '생각하기'에 도움이 된다.

셋째로 '기록하기'가 필요하다. 질문하고 질문에 대한 답을 구했으면 기록을 해두자. 지금 짧게 요약해둔 기록들은 이후 경험과 지식으로 쌓일 것이다. 음성인식 앱을 사용해 생각나는 내용을 음성 기록으로 남겨도 좋을 것이다. 마음에 드는 물건이 생겼다면 '이건 꼭 사야해'라는 소비자 관점의 생각보다는 내가 왜 이 물건에 끌리는가를 먼저 질문해보자. 그리고 가격, 용도, 색, 쓰임새 등 질문에 대한 답을 찾고 기록해두자. 브랜드 기획자의 역량은 '보다'가 아닌 '관찰하다'라는 행동에서 나온다. 좋은 브랜딩이란 대상을 바라보는 통찰력에서 출발한다는 것을 기억하자.

'질문하기-생각하기-기록하기'의 3단계가 너무 뻔한 방법이라고 생각되는가? 불변의 진리는 브랜딩의 진정성과 같이 변하지 않는 것이기 때문이다. 질문하고 생각하고 기록하는 습관만으로도 챗GPT를 비서로 고용해서 일을 시킬 만한 기본적인 능력은 갖추어질 것이다.

결국 브랜딩이 답이다

멋지고 좋은 새 옷과 오래되고 낡았지만 편안한 옷이 있다. 우리는 각자의 성향에 따라 불편하지만 멋진 새 옷을 매일 입고 싶을 수도 있고, 낡았지만 편안한 옷을 매일 입게 될 수도 있다. 어떤 옷을 입을지에 관한 선택은 항상 나에게 달려 있다. 누군가는 신기술을 빨리 받아들여서 최신 흐름을 타고, 다른 이들은 변화의 흐름을 거부해 옛 방식을 고수하기도 한다. 어떤 방식이 옳고 그른지에 대한 답은 정해져 있지 않다.

브랜드를 선택하는 것은 소비자의 몫이다. 옷을 골라 입는 것처럼 각자의 성향에 맞춰 브랜드를 선택한다. 소비자는 브랜드의 물건을 구입하거나 서비스를 이용하고자 할 때 물건의 특징을 보고 소비하는 것이 아니다. 인지도 있는 브랜드의 물건을 소유한 자신의 모습을 욕망하며 소비를 한다. 멋진 옷을 입은 모델을 보고 그 모델처럼 멋있어 보일 자신의 모습을 상상하면서 옷을 사기 위해 지갑을 연다. 소비자들이 어떤 옷을 좋아할지를 예측하고 옷을 사고 싶은 욕망을 들춰내서 소비자의 옷장에 채워넣는 것이 브랜드 기획자의 역할이 아닐까. 그래서 브랜드 기획자는 소비자의 욕구와 심리를 정확히 파악하는 통찰력이 필요하다. 즉, 브랜드 기획자는 소비자가 '브랜드를 소유'하고 싶어 하는 욕망을 볼 수 있어야 한다.

어려운 용어는 빼고 '사람다움'으로 돌아오자. 손으로 종이에 꾹꾹 눌러 정성으로 쓰던 편지는 자취를 감추고 스마트폰 속 채팅이 그 자리를 대신한다. 인공지능이 발전하면서 오늘날의 알파세대들은 훗날 자신의 아이들에게 "엄마 아빠는 어릴 때 손가락으로 핸드폰 키패드를 눌러서 메시지를 주고받았어"라는 엄청난 무용담을 풀어놓을지 모른다. 지금의 챗GPT는 사람의 손으로 직접 키보드를 두드려 언어를 입력해 답을 얻지만, 곧 키보드는 사라지고 말로 묻고 답하는 음성 인공지능이 활성화될 것이다.

2013년 개봉한 영화 〈그녀Her〉의 주인공 테오도르는 편지 대필 작가로 사람의 감성을 담은 편지를 대신 써주는 일을 한다. 그의 책상 위에 키보드는 없다. 편지의 내용을 말하면 AI가 말을 인식해 텍스트로 변환하기 때문에 키보드와 마우스가 필요하지 않다. 영화에 등장하는 시대는 음성 인터페이스의 시대다. 영화에서는 오늘날 플로피디스크와 카세트테이프를 사용하지 않는 것과 같이 키보드와 마우스 역시 우리의 추억 속에만 존재하는 날이 올 것이라는 메시지를 담고 있다.

그럼에도 우리는 여전히 소중하고 특별한 사람에게는 정성을 담아 손으로 편지를 써서 마음을 전한다. 을지로의 오래된 레

코드샵에서 갖고 싶었던 LP를 찾아 기뻐하거나, 손끝에 느껴지는 종이와 잉크의 감촉을 느끼고 싶어서 만년필과 잉크를 사기도 한다. MZ세대는 오래된 동묘를 찾아 아날로그의 문화를 즐긴다. 1960년대를 풍미한 경동시장의 경동극장은 스타벅스로 재오픈하면서 사람들의 노스텔지어를 자극한다. 스타벅스 경동 1960점은 1960년대를 살아보지 않은 세대에게도 향수를 불러일으키는 세련된 감성을 브랜딩함으로써 평일에도 발 디딜 틈이 없는 매력적인 장소로 탈바꿈했다.

캐나다의 저널리스트 데이비드 색스David Sax는 저서 《아날로그의 반격》에서 오래된 아날로그의 가치에 대해 이야기한다. 손끝에서 만져지는 것들에 대한 브랜딩 사례들을 소개하며, 디지털과 인공지능이 가득한 세상에서 사람들의 감성을 자극할 수 있는 브랜딩에 대한 중요성을 강조했다. 그는 '결국 사람들이 원하는 것은 디지털이 아닌 아날로그'라며 몰스킨, LP의 인기, 로모그래피Lomography에 대해 설명한다. 앞으로의 세상에서 대부분의 것들이 인공지능으로 대체되고 마우스와 키보드가 사라져도 여전히 손끝에서 눌리는 물리적인 촉감을 찾아 자판을 두드리고 싶은 사람은 존재할 것이다.

인공지능이 등장하고 우리 삶의 많은 것을 뒤바꿔놓아도 사람들은 여전히 본인의 감성이 가리키는 방향, 그 끝의 끌림을 찾을 것이다. 기계 사용을 반대하는 러다이트 운동을 하자거나,

인공지능 반대론을 펴는 것이 아니다. 오히려 그 반대다. 빅데이터가 응집된 AI라는 확실한 도구를 매개체 삼아, 인간 심리를 작고 촘촘하게 파고들어서 우리에게 맞는 브랜딩의 판로를 찾을 수 있다는 이야기이다. 이것이 우리가 추구하는 '브랜드'의 본질이기도 하다.

소비자들이 원하는 일상의 작지만 확실한 행복, '소확행'의 작은 마음들은 거대 기업들이 채워줄 수 없다. 우리의 마음을 여는 작지만 큰 행복은 주변에 존재하는 작은 브랜드들만이 할 수 있는 일이다. 사람의 마음은 사람만이 느끼고 알 수 있다. 내 앞에 앉아 있는 친구의 표정을 읽는 것처럼 작은 단위로 움직이는 우리의 브랜딩이 가까이 앉은 고객의 표정을 담아내고, 그들의 행동에 반응하고, 만족감을 줄 수 있다. 앞으로 우리에게 펼쳐지는 AI 브랜딩 시대에 기획자들과 디자이너들이 풀어나가야 핵심은 '사람다움'일 것이다.

인공지능은 활용 도구임을 기억하자. 누군가에게 마음을 전할 때 손으로 정성을 담아 쓸 것인지, 자판을 두드리는 데서 오는 물리적인 촉감을 느끼며 온라인 메시지를 보낼 것인지, 음성 인식 앱에 음성을 입력해 전달할 것인지는 도구의 문제일 뿐이다. 어떤 도구를 선택해 마음을 전할 것인지는 문명의 발달에 수반한 도구의 변화에 따라 달라져왔다. 그러나 진심을 담아 생각하는 마음은 변질되지 않는다. 브랜딩을 하는 우리는 바로 이

진정성에 집중해야 한다.

소신을 보태 브랜드를 탄탄히 쌓는 것을 우선으로 하면서, 빅데이터라는 강력한 무기를 장착한 AI를 도구로 사용해보자. 막연히 구상했던 브랜드에 날개를 달 수 있을 것이다. 이제 왜 AI로 브랜딩을 해야 하는지, 의욕이 좀 생겼는가? AI로 브랜딩을 시작해보자.

PART 2

인공지능 비서와 브랜딩하기

CHAPTER 3 챗GPT의 등장

챗GPT란 이상한 이름의 녀석이 등장했다. 가뜩이나 일도 힘들고 앞으로의 앞날이 깜깜한 이 상황에 연일 뉴스의 헤드라인에 등장하는 챗GPT 소식을 듣고 오늘도 나는 한숨을 짓는다. 당장 내게 주어진 일도 해결하기 바쁜데 미래에 내 자리를 차지할 AI를 생각하니 챗GPT를 만들었다는 OpenAI가 괜히 미워진다. 업무 중 잠시 주어진 시간에 몰래 openai.com 사이트를 염탐한다. 모름지기 적을 알고 나를 알면 백 번 싸워도 위태롭지 않다고 했다. 챗GPT란 녀석이 아군이 될지 적군이 될지 알아보기 위함이다. 회원가입을 하고 일단 로그인을 했다. 온통 영어에 한숨이 나온다. 번역기를 돌려 질문을 하려고 하는데 "무슨 질문을 해야 하지?" 질문거리가 떠오르지 않는다.

어느 날 갑자기 등장한 챗GPT, 너는 누구니?

언젠가는 오겠지 했던 대인공지능의 시대가 성큼 다가왔다. 분명 창작과 기획, 예술 계통은 인공지능에 대체될 수 없는 영역이라고 하지 않았던가. 그 말을 믿고 나의 기획력과 창의력을 살릴 수 있는 기획자, 디자이너의 길을 걷고자 했건만 이렇게 빨리 인공지능이 몰려올 줄 몰랐다. 그나마 왕성한 사회생활을 하고 있는 30 · 40대는 바로 챗GPT 사이트에 접속해 이것저것 눌러보면서 어렵지 않게 익힐 수 있겠지만 막 사회생활을 시작한 20대는 해당 분야에서 경력을 쌓기도 전에 AI에 밀려설 자리를 찾지 못할 수 있다. AI는 모든 사람들에게 공평하지 않다.

우리에게 낯선 이름으로 등장한 챗GPT가 과연 어떤 친구일지 살펴보자.

〈브랜딩 비서 챗GPT 이력서〉

이름	Chat Generative Pre-trained Transformer
발표된 날	2022년 12월 1일
태어난 곳	OpenAI
사는 곳	https://openai.com/blog/chatgpt
고용료	챗GPT-3.5: 누구나 무료로 사용 가능 챗GPT-4.0: 달마다 20달러를 지불하면 사용 가능

Chat 대화합니다.
Generative 언어를 만듭니다.
Pre-trained 언어 데이터를 미리 학습했습니다.
Transformer 인코더-디코더 구조의 신경망을 갖췄으며, 기계어와 자연어 사이의 변환을 합니다.

챗GPT는 AI 연구소 OpenAI가 대규모 언어 모델 GPT를 기반으로 제작한 챗봇 서비스이다. 챗GPT는 사용자들이 입력한 언어의 앞뒤 맥락을 이해하고, 대화 내용을 기억함으로써 사람과 나누는 것과 같은 유사한 수준으로 대화할 수 있다. 여기서 등장하는 '언어 모델'이란 사람의 언어와 비슷한 텍스트를 만들어 내기 위해 많은 양의 언어 정보를 학습했다는 것을 의미한다.

인공지능을 학습시키는 것을 '머신러닝Machine learning'이라고 하며, 신경망을 통해 학습시키는 것을 '딥러닝Deep Learning'이라고 한다. 딥러닝 이전에는 사람이 구체적인 특성을 알려줘야 했지만 딥러닝을 한 AI는 직접 특징을 찾아 반영해 출력값을 만들어 낸다. 질문을 받았을 때 딥러닝을 한 AI는 스스로 답을 찾아가므로 어떤 추론 과정을 거치는지는 알지 못한다. 이때 실제값과 출력값의 차이를 최소화하는 가중치를 찾는 것이 AI의 기술력이고 이것을 '파라미터(매개변수)'라고 부른다. 챗GPT-3.5의 파라미터는 1,750억 개이며 OpenAI는 챗GPT-4.0의 매개변수를 공개하지 않았지만 1조 개 이상일 것이라고 추정된다.

정리해보면 챗GPT는 대화Chat라는 수단으로, 미리 공부한 글자 정보들Pre-trained을 인간처럼 이해하고 받아들여Transformer 언어를 새로 만들어내는Generative 생성형 언어 모델이라고 할 수 있다. 기계어를 자연어(인간이 일상적으로 사용하는 언어)로 번역해 사람이 쓴 것과 같은 텍스트로 출력하기 때문에 대중들이 쉽게 받아들일 수 있는 것이다.

챗GPT를 브랜딩 비서로 채용하자

인간의 학습 능력, 추론 능력, 지능 등을 모방한 기계 즉 AI는 잘 활용하면 업무에 큰 도움을 준다. 챗GPT는 사람 뇌의 신경망에서 영감을 받아 만들어진 언어 모델로 사람의 언어를 이해하고 처리하는 능력이 탁월하다. 사람에게 물어보듯이 대화를 시도하면 누구나 이해하기 쉬운 말로 대답을 해준다. 게다가 챗GPT는 언제나 인터넷에서 나를 기다리고 있다. 아이디어가 떠오를 때마다 부담 없이 의견을 물어볼 수 있는 친구로 생각하면 쉽다.

AI는 모르고 사용하면 어렵고 두려운 존재일 수 있으나, 나의 일에 적용할 수 있는 방법을 정확히 파악하고 공부하면 똑똑한 비서를 채용한 것과 같다. 대신 아직 AI가 스스로 완벽히 일을 할 수 있는 능력은 안 되기 때문에 정확한 언어로 지시를 하고 교육을 해야 내 말귀를 잘 알아듣는 직원으로 성장할 수 있다. 신입 인턴 비서를 채용했다는 생각으로 챗GPT를 다뤄야 한다.

챗GPT에게 어떤 일을 시킬까?

그렇다면 브랜드 기획자, 디자이너, 창업자의 입장에서는 챗GPT에게 어떤 일을 시킬 수 있을까? 우리는 이 책을 통해 챗GPT와 브랜드를 기획해볼 생각이다. 브랜딩이라는 거대한 프로젝트 중 핵심만 축약해서 쉽게 녹여내었다. 이 책을 읽고 있는 대부분의 독자는 명확한 전문 이론을 가지고 하는 브랜딩보다는 챗GPT를 이용해서 쉽게 풀어나가는 브랜딩 과정을 기대할 것이다. 나를 위해 일해줄 인턴 비서 챗GPT의 아이디어를 짜내면서 자료 수집 과정을 맡기고, 산출된 결과물 중 나의 생각과 가장 일치하는 내용을 골라 질문을 이어나가면 된다. 모든 브랜딩 과정에서 챗GPT에게 의견을 물어보며 답을 구할 수 있다.

브랜드를 만들 때는 머릿속의 막연한 이미지를 눈에 보이는 시각적인 형태로 만들어내야 한다. 사람을 만나면 그 사람의 이름 · 얼굴 · 표정 · 말투 · 행동에서 사람의 됨됨이와 마음가짐을 알아볼 수 있듯이 브랜드의 첫인상도 시각적인 외모로 표현할 수 있다. 브랜드를 한 명의 사람으로 의인화해 생각해보자. 내가 만들고자 하는 브랜드의 이미지를 떠올렸을 때 머릿속에 둥실 떠오른 그 이미지를 형태로 만든다면 둥글둥글한 부드러운 모양인지, 딱딱한 각이 진 모양인지, 매끈한 표면을 가졌는지, 울퉁불퉁한 굴곡을 가졌는지를 그려볼 수 있다. 또 사람이라고 생각했을 때 말투가 온화하고 부드러운지, 똑 부러지듯이 정확한지를 떠올려볼 수 있다. 아직은 갖춘 형태가 없는 브랜드에 대한 감정을 언어 표현을 매개해서 실체화된 시각적인 이미지로 바꿀 것이다. 눈에 보여야 알 수 있으며, 형태로 존재해야 우리는 그것을 믿을 수 있다. 이 과정이 '이미지 시각화'이다.

무형의 아이디어는 말로써 표현된다. 대부분 '심플하면서 눈에 잘 들어오는 선명한 컬러였으면 좋겠다'와 같이 브랜드를 떠올릴 때 언어적인 표현을 먼저 생각한다. 그리고 이 언어 표현을 다시 눈에 보이는 형태로 발전시킨다. 우리는 브랜드에 대한 '언어적인 표현'을 챗GPT로 구체화하고 '시각화된 표현'을 이미지 생성형 AI인 빙 이미지 크리에이터와 해치풀로 다듬는 과정을 거칠 것이다. 챗GPT가 우리에게 언어로 표현된 아이디어를 주면, 챗GPT가 생성해준 언어를 다시 빙이나 해치풀에게 맡기는 것이다. 이 과정을 통해 브랜딩을 전문가에게 의뢰하는 수고로움을 덜고 비용을 절감할 수 있다.

이미 세상에는 여러분이 알고 있는 AI보다 훨씬 더 많은 수의 AI들이 존재하고 있다. 현재 이 글을 쓰는 시점은 물론 여러분이 책을 읽고 있을 그 시점에도 새로운 연구는 계속되고 발전된 AI들은 끊임없이 쏟아져나올 것이다. 즉, 우리 책에서 활용한 AI들이 훗날에 우리 책을 읽을 어느 시점에서는 이미 도태됐거나 더욱 발전했을 수도 있다. 그럼 여기서 '나는 지금 이 책을 읽기에 이미 늦지 않았을까?'라는 의문이 들 수 있다. 하지만 책을 읽는 시점은 그렇게 중요하지가 않다. 이 책에서는 여러분에게 AI 브랜딩을 위한 접근법과 방법을 알리는 것이지 최신 AI 사용법을 소개하는 것이 아니기 때문이다. 우리는 책을 쓰고 있는 현재 이 시점에서 가장 쉽고 간단하게 사용할 수 있는 AI를 활용할 뿐이다. 무조건 책에서 다루는 AI들만을 활용해야 결과를 얻을 수 있는 것이 아니다. 앞서 말했듯이 브랜딩의 기본적인 본질은 어떤 도구를 사용하느냐에 따라서 달라지지 않는다. 우선 이 책으로 브랜딩 프로세스와 AI를 활용하는 방법을 배우고, 다른 도구에 그대로 접목하면 되는 것이다. 각자의 상황에 맞는 가장 효율적인 AI를 선택해 적용하면 된다.

챗GPT와 함께하는 브랜딩의 시작

AI는 브랜드 기획부터 디자인까지 모든 과정을 이끌면서 나만의 브랜드 아이덴티티를 만들 수 있도록 도와준다. 이번 장에서는 AI 중에서도 '챗GPT'를 나만의 인턴 비서로 삼아 브랜딩을 시작하는 데 필요한 단계를 자세히 설명해보려고 한다. 챗GPT를 사용하기 위해서는 OpenAI 웹사이트(https://openai.com/blog/chatgpt)에 들어가서 회원가입을 먼저 해야 한다. 구글 또는 마이크로소프트의 계정이 있다면 바로 로그인이 가능하다.

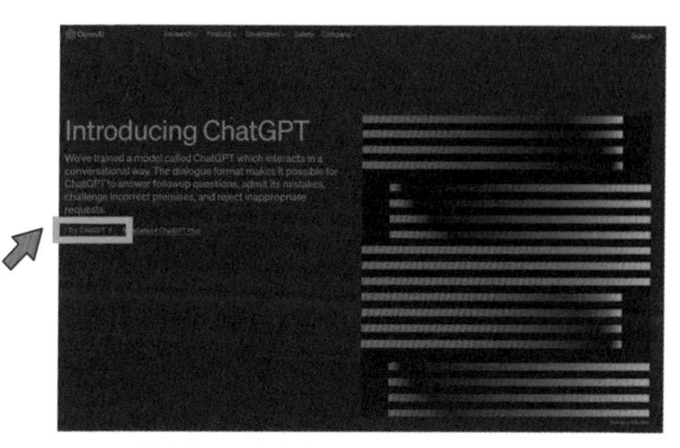

OpenAI 웹사이트 초기 화면
'Try ChatGPT' 버튼을 누르면 로그인 페이지로 연결된다.

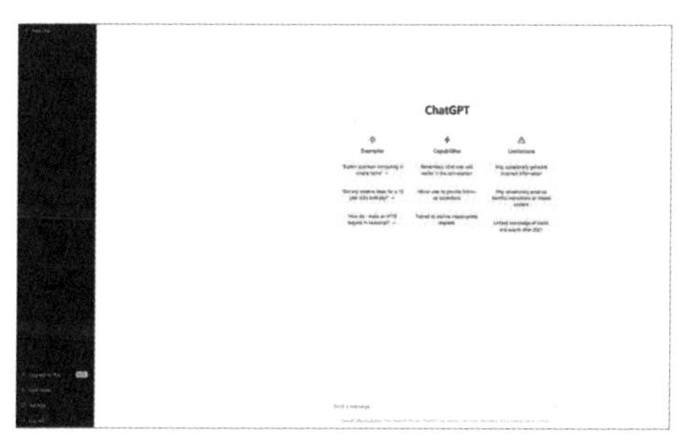

로그인 후의 챗GPT 초기 화면

TIP 현재 챗GPT에는 무료 버전인 챗GPT-3.5와 유료 버전인 챗GPT-4.0이 있다. 챗GPT-4.0은 매월 20달러의 가격에 이용이 가능하며 향상된 기능을 사용할 수가 있다. 우리 책에서는 챗GPT-3.5와 챗GPT-4.0을 모두 사용했다. 무료 버전이 기능 제한이 있는 것은 아니기 때문에, 챗GPT-3.5을 사용해도 충분하지만 여유가 된다면 조금이라도 더 나은 결과물을 얻기 위해 유료 버전을 사용하기를 권장한다.

한글 자동번역기 설치

챗GPT는 다른 추가 설치 없이 바로 한글로 대화가 가능하다. 하지만 현재는 챗GPT에 한글로 질문하면 대답이 느리고, 짧고, 앞서 대화한 내용을 더 빨리 잊어버린다. 이런 부작용을 최소화하기 위해 우리는 챗GPT가 한글이 능숙해지기 전까지 '프롬프트 지니'라는 한글 자동번역기를 설치해서 사용할 것이다. 프롬프트 지니 설치에 앞서 챗GPT 페이지가 켜져 있는 상태라면 잠시 종료하자. 구글에 '프롬프트 지니'를 검색해 들어가면 아래와 같은 화면이 나온다. 'Chrome에 추가' 버튼을 클릭해서 크롬 확장프로그램을 설치하자.

크롬 확장프로그램 '프롬프트 지니' 설치 페이지 화면

곧이어 다음과 같은 창이 나오면 '확장 프로그램 추가' 버튼을 클릭한다.

설치가 완료됐다. 다시 챗GPT를 켜서 설치가 제대로 됐는지 확인하자. 아래의 '프롬프트 지니가 자동으로 번역을 해드릴게요!'라는 안내문이 출력된 챗GPT의 초기 화면이 나오면 프롬프트 지니 설치가 정상적으로 된 것이다. 이제 챗GPT와의 대화를 위한 모든 준비가 끝났다.

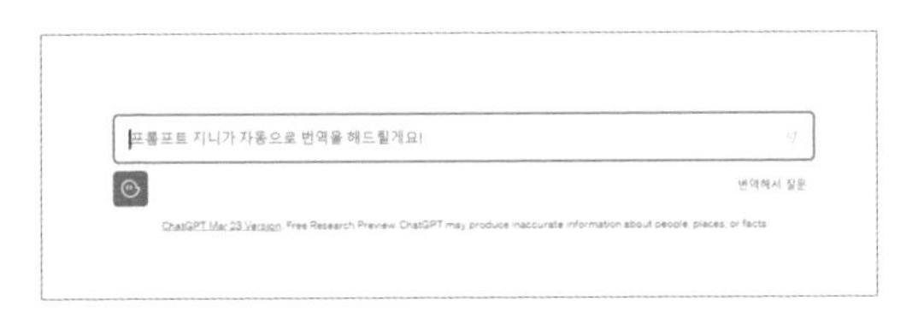

TIP 프롬프트 설치 후, 챗GPT를 사용하다가 갑자기 작동이 잘 안될 때가 있다. 당황하지 말고 챗GPT창을 껐다가 다시 켜면 된다. 챗GPT는 우리와의 대화를 실시간으로 저장하고 있기 때문에 창을 껐다가 켜더라도 대화를 이어서 할 수가 있다. 가끔씩 프롬프트 업데이트로 인해 사용이 안되는 경우에는 완료가 될 때까지만 잠깐 한글로 챗GPT를 사용하자.

새로 고용한 나만의 인턴 비서와 가볍게 인사하기

이제 회원가입을 마치고 한글 자동번역기까지 설치를 했다면 챗GPT와의 본격적인 대화를 시작할 차례다. 아마 새로 온 인턴 비서와 첫 만남을 앞두고 설렘과 함께 조금의 긴장도 느껴질 것이다. 브랜딩 과정에 앞서서 여러분의 신입 비서와 가볍게 인사를 나누며 아이스브레이킹Ice Breaking을 해보자.

안녕,
오늘부터 나만의 인턴이 되어줄래?

번역 결과

Hi,
Will you be my own intern from today?

Hello! As an AI language model, I'm here to help you with any information, research, or tasks you need assistance with. While I cannot physically be present or perform tasks like a traditional intern, I can definitely support you in various ways, such as answering questions, providing suggestions, or helping with tasks that can be completed through text-based communication. Let me know how I can assist you!

번역 결과

안녕하세요! AI 언어 모델로서 도움이 필요한 모든 정보, 연구 또는 작업을 도와드립니다. 물리적으로 현장에 있거나 전통적인 인턴처럼 업무를 수행할 수는 없지만, 질문에 답하거나 제안하거나 텍스트 기반 커뮤니케이션을 통해 완료할 수 있는 작업을 돕는 등 다양한 방식으로 확실히 지원할 수 있습니다. 어떻게 도와드릴 수 있는지 알려주세요!

"안녕, 오늘부터 나만의 인턴이 되어줄래?"라고 인사말을 건네 보았더니, 챗GPT가 자신이 도울 수 있는 부분들에 대해서 친절히 설명을 해줬다. 여러분도 고맙다는 인사로 화답해보자.

고마워!

번역 결과

Thank you!

You're welcome! How can I assist you today?

번역 결과

천만에요! 오늘 무엇을 도와드릴까요?

챗GPT라는 예의 바르고 유쾌한 친구와 인사를 나누고 나니, 여러분과 헤쳐나갈 앞으로의 AI 브랜딩 여정이 더 기대된다.

상황 설명과 도움 요청

가벼운 인사를 나눴으면 이제 우리의 상황을 챗GPT에게 설명하고 도움을 요청할 차례이다. 아래의 프롬프트를 참고해서 챗GPT에게 질문해보자.

만능 프롬프트 1

나는 이번에 새로 시작하는 사업에 대한 브랜딩을 하고 싶어. 브랜드 기획과 디자인을 도와줘. 우선, 나의 사업에 대한 정보를 알려줄게.

1. [a=벤치마킹 기업 이름]과 같은 [b=제품 종류] 가게를 만들 거야.
2. [c=장소]에 오픈을 할 거야.
3. [d=타깃층]을 타깃으로 할 거야.
4. [e=추가 제품 특징 설명]이야.

TIP 줄을 바꿔야 할 때는 그냥 Enter 키를 누르면 줄 바꿈이 아니라 채팅 전송이 되므로 Shift + Enter 키를 눌러준다.

챗GPT는 우리가 제공한 설명들을 바탕으로 정보를 찾고 생각해서 대답하기 때문에, 정보를 최대한 많이 줘야 양질의 결과물을 얻을 수 있다. 각자의 상황에 따라 자신이 구상하고 있는 브랜드에 대한 정보를 적어주면 된다. 그러나 챗GPT는 한 번에 입력할 수 있는 단어의 양이 제한되어 있다. 챗GPT-3.5는 4,096토큰(약 8,000개 단어), 챗GPT-4.0은 32,768토큰(약 64,000개 단어)까지 입력 가능하다. 그렇다고 문장을 줄지어서 말하는 것은 별로 효과적이지 못하다. 만능 프롬프트 1처럼 번호를 매겨가며 질문하면 챗GPT에게 정보를 전달하는 데 수월하다.

챗GPT에게 정보를 전달할 때 수식어는 되도록 빼고 정말 필요한 경우에만 넣어주는 것이 좋다. 영단어로 존재하지 않는 한국식 수식어가 많다. 자동번역 시에 오역이 생겨 챗GPT가 우리의 의도를 정확히 파악하지 못하는 일이 생기지 않도록 주의하자. 또 한 문장에 여러 정보를 모두 다 적으려 하기보다는 한 문장에 하나의 핵심 내용만을 적어서 끊어주는 것이 오역을 줄이고 정확한 정보 전달을 돕는다.

챗GPT에게 알릴 정보에 꼭 포함되어야 할 것들은 제품 또는 사업의 특징, 사업을 벌일 위치(온라인 또는 오프라인이라면 지역명), 타깃 오디언스Target audience 등이다. 벤치마킹하는 브랜드가 있다면 추가해서 전달하자. 챗GPT가 우리의 브랜드를 이해하는 데 큰 도움이 된다. 또 너무 작은 브랜드를 예시로 드는 것을 지양하자. 챗GPT의 데이터베이스에 없을 수가 있기 때문이다. 챗GPT-3.5와 4.0은 2021년까지의 정보를 바탕으로 구동이 되고 있다는 점을 반드시 유념하자.

요약하자면, 나의 제품 또는 사업에 대한 최대한 많은 정보를 짧고 간결하게 끊어서 챗GPT에게 전달하면 된다. 예를 들어, 만약 남성을 위한 선크림 브랜드를 만들기 위해 이 프롬프트를 적용해본다면 어떨까? 아마 다음과 같은 결과가 나올 것이다.

나는 이번에 새로 시작하는 사업에 대한 브랜딩을 하고 싶어. 브랜드 기획과 디자인을 도와줘. 우선, 나의 사업에 대한 정보를 알려줄게.

1. [a=강력한 워터프루프 기능]을 가진 [b=선크림]을 만들 거야.
2. [c=온라인]에 오픈을 할 거야.
3. [d=남성]을 위한 제품이야.
4. [e=이 선크림은 다른 제품들보다 지속력이 길어.]
5. [f=인체에 무해한 성분이야.]

(a=제품 특징, b=제품 종류, c=장소, d=타깃층, e · f= 추가 제품 특징 설명)

이제 본격적으로 브랜딩 과정에 돌입해보자. '에그 샌드위치' 전문점을 브랜딩한다고 가정하고, '만능 프롬프트 1'을 적용해 챗GPT의 의견을 들어보았다.

나는 이번에 새로 시작하는 사업에 대한 브랜딩을 하고 싶어. 브랜드 기획과 디자인을 도와줘. 우선, 나의 사업에 대한 정보를 알려줄게.

1. 미국에 있는 에그슬럿(Eggslut)과 같은 에그 샌드위치 가게를 만들 거야.
2. 서울에 오픈을 할 거야.
3. 젊은 사람들을 타깃으로 할 거야.

번역 결과

I want to do branding for a new business this time. Help me with branding planning and design. First of all, I'll give you some information about my business.

1. I'm going to make an egg sandwich shop like eggslut in the US.
2. I'm going to open in Seoul.
3. It will target young people.

Great! Based on the information you've provided, let's create a branding plan and design for your new egg sandwich shop in Seoul targeting young people.

… (중략)

By following these steps, you'll create a strong brand identity for your egg sandwich shop in Seoul that resonates with your target audience and sets your business apart from competitors.

번역 결과

엄청나네요! 제공해주신 정보를 바탕으로 젊은 층을 대상으로 하는 서울의 새로운 에그 샌드위치 매장에 대한 브랜드 기획 및 디자인을 해보겠습니다.

브랜드 아이덴티티 정의:

a. 대상 : 서울에 거주하거나 방문하는 청년

b. USP(Unique Selling Proposition): 인기 있는 미국식 에그 샌드위치에서 영감을 받은 맛있고 혁신적인 에그 샌드위치를 제공합니다.

c. 브랜드 가치: 신선함, 고급 재료, 현대적이고 재미있는 식사 경험을 강조합니다.

브랜드 이름 만들기:

a. 브레인스토밍: 이름에 대한 몇 가지 아이디어는 "Eggstasy", "Yolk Seoul", "Sunny Seoul Sandwiches" 또는 "Eggsplore"일 수 있습니다.

b. 연구: 이러한 이름 중 서울의 다른 사업체에서 이미 사용 중인 이름이 있는지 확인하십시오.

c. 테스트: 잠재적인 이름에 대한 인식을 측정하기 위해 대상 고객(서울의 젊은이)으로부터 피드백을 수집합니다.

로고 디자인:

a. 개념화: 계란, 샌드위치 또는 서울의 상징적인 랜드마크의 양식화된 표현과 같은 요소를 통합합니다.

b. 색상 선택: 밝은 노란색, 빨간색 또는 파란색과 같이 대상 고객의 관심을 끌 수 있는 생생하고 젊은 색상 팔레트를 선택합니다.

c. 타이포그래피: 브랜드의 개성과 대상 고객을 반영하는 현대적이고 읽기 쉬운 글꼴을 선택하십시오.

d. 디자이너 고용: 필요한 경우 전문 그래픽 디자이너와 협력해 로고를 만드십시오.

브랜드 스타일 가이드 개발:

a. 로고 사용: 로고의 크기, 배치 및 허용되는 변형에 대한 지침을 지정합니다.

b. 색상 팔레트: 기본 색상과 보조 색상을 각각의 색상 코드로 문서화합니다.

c. 타이포그래피: 브랜딩에 사용된 글꼴과 적절한 사용법을 나열합니다.

d. 이미지: 브랜드를 나타내는 이미지, 그래픽 및 일러스트레이션 유형에 대한 지침을 제공합니다.

브랜드 보이스 만들기:

a. 어조: 젊은 사람들이 공감할 수 있는 캐주얼하고 친근하며 활기찬 어조를 채택하십시오.

b. 언어: 대중적인 속어와 구문을 통합해 대화식 언어를 사용해 대상 고객과 연결합니다.

c. 일관성: 모든 서면 및 구두 커뮤니케이션이 브랜드 음성 지침을 준수하는지 확인하십시오.

브랜딩을 일관되게 적용하십시오:

a. 마케팅 자료: 브랜드 아이덴티티를 웹사이트, 소셜 미디어 프로필 및 인쇄 자료와 같은 모든 마케팅 자료에 통합합니다.

b. 고객 경험: 상점의 디자인, 포장 및 직원 상호작용에서 브랜드를 일관되게 표현해 응집력 있고 즐거운 고객 경험을 만듭니다.

브랜드 모니터링 및 발전:

a. 실적 추적: 브랜딩 활동에 대한 대상 고객의 반응을 분석하고

필요에 따라 조정합니다.

b. 관련성 유지: 음식 동향, 현지 선호도 및 고객 피드백을 지속적으로 모니터링해 브랜드가 최신 상태를 유지하고 매력적으로 유지되도록 합니다.

이러한 단계를 따르면 타깃 고객의 공감을 얻고 경쟁사와 차별화되는 서울의 에그 샌드위치 가게에 대한 강력한 브랜드 아이덴티티를 만들 수 있습니다.

챗GPT는 이렇게 간단한 설정만 던져주어도, 브랜드 기획과 디자인에 필요한 요소들을 설명해주고 예시까지 일목요연하게 알려준다. 길고 밀도 있는 대답에 순간 아연실색할 수 있으나, 우리는 이미 진행 순서가 정해져 있으니 이 챗GPT의 대답은 앞으로의 청사진 정도로만 생각해두어도 좋다.

그런데 여기서 놀라운 점이 하나 있다. 챗GPT가 브랜드 이름 만들기에 대한 예시로 들어준 'Eggstasy'는 사실 필자가 실제로 브랜딩했던 에그 샌드위치 카페 이름과 같다. 브랜드 이름을 만드는 데 오랜 시간과 비용을 들여서 전문가의 자문을 받았었는데, 챗GPT는 별다른 비용 없이 이렇게 간단하고 빠르게 결과를 줬다. 챗GPT를 잘 활용했을 때 전문가의 견해에 준하는 브랜딩 아이디어를 쉽게 얻을 수 있다는 의미이기도 하다.

실제 사업 당시 만들었던 브랜드 'eggstasy'의 로고

우리 책에서는 앞으로 위의 에그 샌드위치 브랜드 'Eggstasy'를 대표 예시로 활용해 AI 브랜딩 과정을 쉽게 설명하고자 한다. 챗GPT를 이용해 전문가의 도움 없이, '내'가 주체가 되어 일반적인 상업 브랜딩 과정을 거의 유사하게 재현해볼 것이다. 예시를 통해 AI 브랜딩이 기존 브랜딩 방식과 비교하면 어떤 차이가 있는지, 또 실제 필드에서는 어떻게 적용될 수 있는지 파악하는 데에 도움이 됐으면 하는 바람이다. 다음 장부터는 본격적으로 챗GPT와 함께 브랜드 요소들을 제작해보려 한다.

CHAPTER 4

챗GPT와 브랜드 아이덴티티 구축하기

3장에서는 우리의 인턴 비서, 챗GPT와 인사를 나누고 우리 브랜드를 만들기 위해서 간단하게 도움을 요청해봤다. 이제 우리는 브랜딩 프로세스의 핵심이자 시작 단계로 들어갈 준비가 됐다. 챗GPT와 함께하면 고객의 공감을 이끌어내면서 기억에 오래 남을 수 있는 브랜드 아이덴티티 구축을 보다 쉽고 간편하게 할 수 있다.

첫인상을 남기자! 브랜드 핵심가치 정의

살아오면서 첫인상이 중요하다는 말을 정말 많이 들었을 것이다. 브랜딩에서도 마찬가지이다. 고객에게 브랜드에 대해 좋은 첫인상을 심어주는 것은 정말 중요하다. 그 첫인상의 결정은 브랜드의 핵심가치를 정의하는 것에서부터 온다. 브랜드의 핵심가치를 정의하는 것은 비즈니스가 운영되고 고객과 소통하는 방식을 형성하는 데 있어서 기본 원칙을 설정하는 것이다. 때문에 흔들림 없는 브랜드의 핵심가치는 강력하고 진정성 있는 브랜드 아이덴티티를 만드는 첫걸음이다. 핵심가치는 방향을 제시하고, 차별화를 가능하게 하고, 고객과 정서적 연결을 촉진한다. 즉, 브랜드가 모든 측면에서 일관성을 띠도록 한다.

이제부터 챗GPT와 함께 브랜드 핵심가치 정의를 해보려 한다. 챗GPT는 기본적으로 이전에 나눈 대화 내용을 모두 학습하고 기억한다. 이어지는 질문들에 대해서는 전에 했던 대화들을 바탕으로 답변한다. 그래서 이미 한 번 했던 이야기는 다시 할 필요가 없다. 우리는 다음 질문들을 자연스럽게 이어나가기만 하면 된다. 이미 3장의 '상황 설명과 도움 요청'에서 우리의 상황을 챗GPT에게 설명했기 때문에 바로 '만능 프롬프트 2'를 활용해 브랜드 핵심가치에 대한 질문을 할 수 있다.

만능 프롬프트 2

브랜드의 핵심가치를 [a=개수]개로 정의해줘.

만능 프롬프트 3

다른 [a=브랜딩 요소]를 [b=개수]개 추천해줘.

여기서 핵심가치를 특정 개수로 정의하고 싶다면 '만능 프롬프트 2'의 기본 문장에 [a=개수] 요소를 추가하면 된다. 결과가 마음에 들지 않는다면 '만능 프롬프트 3'을 사용해서 다른 결과를 요청할 수도 있다. 만능 프롬프트 3은 다른 항목에서도 모두 사용이 가능하다.

브랜드의 핵심가치를 정의해줘.

번역 결과

Define the core values of your brand.

For your egg sandwich shop brand targeting young people in Seoul, consider these core values:

… (중략)

번역 결과

서울의 젊은 층을 대상으로 하는 에그 샌드위치 브랜드라면 다음과 같은 핵심가치를 고려하세요.

1. 품질: 샌드위치에 고품질의 신선한 재료를 사용해 고객이 지속적으로 맛있고 만족스러운 식사를 받을 수 있도록 합니다.
2. 혁신: 다양한 취향과 선호도에 맞는 독특하고 창의적인 에그 샌드위치 레시피를 제공하는 데 집중해 브랜드를 경쟁사와 차별화하고 고객에게 기억에 남는 경험을 제공합니다.
3. 고객 경험: 고객이 편안하고 즐겁게 식사할 수 있는 즐거운 분위기를 조성합니다. 친절하고 효율적인 서비스, 깨끗하고 현대적인 인테리어 디자인, 매력적인 전반적인 경험을 강조하십시오.
4. 지속 가능성: 환경적 책임이 중요하다면 비즈니스 운영에 환경친화적 관행을 통합하십시오. 가능하면 현지에서 조달한 유기농 재료를 사용하고 음식물 쓰레기를 최소화하며 지속 가능한 포장재를 선택하십시오.
5. 지역사회 참여: 지역 행사를 지원하고, 다른 사업체와 협력하고, 자선 활동에 참여함으로써 지역 사회와의 강력한 유대 관계를 조성하십시오. 이것은 커뮤니티에 대한 귀하의 헌신을 보여주고 브랜드 충성도를 구축하는 데 도움이 됩니다.

이러한 핵심가치를 정의하고 일관되게 고수함으로써 귀하의 에그 샌드위치 가게 브랜드는 시장에서 눈에 띄고 대상 고객과 공감하며 비즈니스 결정을 안내할 것입니다.

챗GPT는 에그 샌드위치 브랜드의 핵심가치를 5개(품질·혁신·고객 경험·지속 가능성·지역사회 참여)로 정의하면서, 이유도 함께 알려줬다. 챗GPT가 선정한 5가지 핵심가치는 존 엘킹턴John Elkington이 제안한 '지속 가능 경영'의 3대 축인 TBLTriple Bottom Line

이론에 근거한 내용이다. TBL 이론은 브랜드의 지속 가능한 성장을 위해서는 사람People · 지구Planet · 이익Profit의 3가지 기준을 중심으로 기업의 이윤과 더불어 환경 및 사회에 끼치는 영향력까지 고려해야 한다는 경영 이론이다. TBL 이론에 대해 모르고 있었더라도 챗GPT를 활용하면 전문적인 지식을 활용한 결과물을 얻을 수 있다.

하지만 우리는 얻은 답변을 생각 없이 무작정 받아들이는 것이 아니라, 매 과정마다 챗GPT가 왜 이런 대답을 했는지 짚어보는 시간을 잠깐씩 가져보고자 한다. 다양한 예시를 통해 생각과 경험을 쌓으면서, 브랜드 전문가로 거듭날 수 있도록 밑바탕을 차근차근 다질 것이다. 우리의 다각적인 이해를 도와줄 두 번째 예시, 선크림 브랜드의 대화 타래에서도 만능 프롬프트 2를 활용해서 핵심가치를 질문하고 결과를 살펴보자.

선크림 브랜드의 핵심가치를 정의해줘.

번역 결과

Define the core values of your brand.

Defining core values is an important step in developing a strong brand identity. Core values are the guiding principles that define what your brand stands for and how it conducts business. Here are some core values that could be relevant to your brand:

… (중략)

These are just a few examples of core values that could be relevant to your brand. Defining your core values will help guide your branding and marketing efforts, and they should align with your brand's personality and target audience.

번역 결과

핵심가치를 정의하는 것은 강력한 브랜드 아이덴티티를 개발하는 중요한 단계입니다. 핵심가치는 브랜드의 의미와 비즈니스 수행 방식을 정의하는 기본 원칙입니다. 다음은 브랜드와 관련된 몇 가지 핵심가치입니다.

1. 품질 : 고기능성 자외선 차단제 메이커로서 품질이 최우선이 되어야 합니다. 귀하의 브랜드는 최고의 재료만을 사용하고 엄격한 제조 표준을 준수하는 데 전념할 수 있습니다.
2. 혁신: 귀하의 브랜드는 오래 지속되고 효과적인 자외선 차단을 위한 새롭고 더 나은 방법을 지속적으로 모색하면서 선크림 기술의 리더가 되기 위해 노력할 수 있습니다.
3. 신뢰: 귀하의 브랜드는 성분 및 제조 공정에 대해 투명하고 탁월한 고객 서비스를 제공함으로써 고객과의 신뢰 구축을 우선시할 수 있습니다.
4. 지속 가능성: 귀사의 브랜드는 지속 가능한 포장을 사용하고, 폐기물을 최소화하고, 책임감 있게 재료를 조달함으로써 환경에

미치는 영향을 최소화하는 데 전념할 수 있습니다.

5. 건강 및 안전: 자외선 차단제 제조업체로서 귀하의 브랜드는 제품뿐만 아니라 교육 자료 및 홍보를 통해 피부 건강 및 안전을 증진하는 데 전념할 수 있습니다.

이는 브랜드와 관련이 있을 수 있는 핵심가치의 몇 가지 예일 뿐입니다. 핵심가치를 정의하면 브랜딩 및 마케팅 활동을 안내하는 데 도움이 되며 브랜드의 성격 및 대상 고객과 일치해야 합니다.

'선크림 브랜딩' 타래에서 같은 질문을 했을 때, 챗GPT는 5가지의 핵심가치(품질·혁신·신뢰·지속 가능성·건강 및 안전)를 정의했다. 각 핵심가치의 기준을 제시하고 선크림이라는 화장품의 특성에 맞춰서 답한 것을 볼 수 있다. 품질 부분에서는 '자외선 차단제로서의 품질을 우선시할 것', '엄격한 제조 표준을 준수할 것'을 제시했다. 또 '피부 건강 및 안전'을 증진하고, 성분과 제조 공정을 투명하게 운영해 고객의 신뢰를 얻을 것을 당부하고 있다. 챗GPT가 핵심가치를 일목요연하게 정리하면서 브랜딩에 필요한 자료들을 선별해 알려준 것이다.

TIP 혹시나 챗GPT를 사용하는 도중에 컴퓨터나 인터넷에 문제가 생겨서 끊기더라도 크게 걱정하지 않아도 된다. 챗GPT는 질문 주제마다 하나의 타래를 생성해서 대화 내용을 저장하기 때문에 후에 다시 로그인을 하면 이어서 대화가 가능하다.

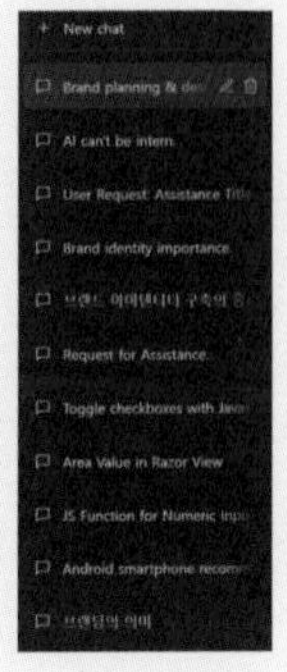

챗GPT에 이전 대화 내용이 모두 저장된 모습

독특하고 기억에 남을 브랜드 스토리 만들기

브랜드 스토리는 말 그대로 브랜드의 이야기를 하는 것이다. 기업은 브랜드의 비전, 개성을 강조하는 매력적인 내러티브(이야기를 풀어내는 방식)를 개발함으로써 타깃 고객의 공감을 모으고 끈끈한 시장 입지를 구축할 수 있다. 그래서 브랜드 스토리란 브랜드의 설립 사상, 철학, 고유한 가치를 만들어가는 방법이기도 하다. 뒤에 나오는 브랜드 메시지, 톤앤매너와 비슷할 수 있지만 엄밀히는 다른 개념이라고 할 수 있다.

매력적인 브랜드 스토리는 고객이 다른 브랜드보다 우리의 브랜드를 선택하는 이유가 된다. 브랜드 스토리는 우리 브랜드를 경쟁업체와 차별화할 뿐만 아니라 고객과의 정서적 연결을 구축하기 때문에 비즈니스 성공에 중요한 역할을 한다. 마케팅 캠페인, 소셜 미디어 활동 등 고객과의 상호작용 전반에 걸친 내러티브의 일관성은 브랜드 아이덴티티를 강화해서 더 오랫동안 기억에 남게 하고 고객 충성도를 높인다.

또 강력한 브랜드 스토리는 고객은 물론이고, 직원들에게도 회사에 대한 목적의식과 자부심을 심어준다. 직원에게 브랜드 스토리는 영감을 주는 원천이다. 브랜드 스토리를 이해하고 제품에 녹여낸 직원은 장기적인 브랜드 자산 구축에 기여하게 된다. 시장 점유율 증가, 고객 유지, 장기적인 수익성 증가로 이어지는 것이다. 때문에 매력적인 브랜드 스토리를 만드는 것은 업계 리더로 자리매김하고 지속 가능한 성장을 추구하려는 기업에게 필수적이다.

챗GPT에게 '브랜드 스토리'를 요청하기에 앞서 브랜드와 설립자의 철학, 사상 등 최대한 많은 정보를 주면 좋다. 그렇지 않으면 챗GPT는 자신만의 상상의 나래를 마음껏 펼쳐 현실과 동떨어진 가상의 소설을 내놓을 수가 있다. 거꾸로 뒤집으면, 나의 사상과 고유한 가치들을 충분히 설명했을 때는 훌륭한 스토리를 만들 수 있는 능력이 챗GPT에게 있다는 말이다. 우선 브랜드와 설립자의 정보를 충분히 제공하지 않았을 때의 답변을 확인해보겠다. 이 챕터의 제목 그대로인 "독특하고 기억에 남을 브랜드 스토리를 만들어줘"로 질문을 했다.

독특하고 기억에 오랫동안 남을 브랜드 스토리를 만들어줘.

번역 결과

Create a unique and memorable brand story.

In the bustling city of Seoul, an adventurous food lover named Han found himself on a mission to craft a culinary experience that bridged the gap between cultures.

… (중략)

Today, Han's egg sandwich shop stands as a symbol of creativity, unity, and the power of food to bridge cultures and bring people together in the heart of Seoul.

번역 결과

분주한 도시 서울에서 Han이라는 이름의 모험심 넘치는 음식 애호가는 문화 간 격차를 해소하는 요리 경험을 만드는 임무를 맡게 되었습니다. 남미 배낭여행 중에 그는 잊을 수 없는 에그 샌드위치를 파는 작은 노점상을 만났습니다. 이 간단하면서도 맛있는 창작품의 맛과 질감은 Han의 열정에 불을 붙였고, 고향에 있는 지역 사회와 이 발견을 공유하도록 영감을 주었습니다.
서울로 돌아온 Han은 남미에서 발견한 풍미와 한국의 풍부한 요리 유산을 혼합한 독특한 에그 샌드위치 가게를 만들기 위한 여정을 시작했습니다. 그는 대담하고 국제적인 맛과 친숙한 한국 재료의 편안한 맛의 완벽한 균형을 보여주는 메뉴를 완성하기 위해 수

많은 시간을 보냈습니다.
Han의 에그 샌드위치 가게는 모든 계층의 사람들이 함께 모여 군침 도는 음식을 즐기고 지속적인 관계를 형성할 수 있는 따뜻하고 매력적인 공간으로 설계됐습니다. 이 가게는 곧 집을 떠나 멀리 여행하지 않고도 세계의 맛을 찾는 음식 애호가들에게 사랑받는 모임 장소가 됐습니다.
Han의 메뉴에 있는 각 샌드위치는 그의 여행, 서울의 활기찬 문화, 그리고 음식에 대한 사랑을 공유함으로써 일체감을 키우려는 그의 노력에서 영감을 받아 독특한 창조물이었습니다. 이 가게는 혁신적인 맛과 친근한 분위기를 위해 몇 번이고 다시 방문하는 고객들로 인해 빠르게 충성도 높은 팔로워를 확보했습니다.
에그 샌드위치 가게의 명성이 높아짐에 따라 Han은 지역 농부 및 장인과 협력해 세계의 다양한 맛을 기념하는 지속 가능한 제철 제품을 만들기 위해 계속해서 요리 탐험의 경계를 넓혔습니다. 오늘날 Han의 에그 샌드위치 가게는 서울의 중심에서 문화를 연결하고 사람들을 하나로 모으는 창의성, 화합, 음식의 힘의 상징으로 서 있습니다.

챗GPT는 말 그대로 스토리, 즉 소설을 써주었다. 새로운 가상 인물인 Han을 설정해 매력적인 이야기를 만들어주었지만, 글이 너무 길고 장황하다. 고객의 입장에서 브랜드 스토리가 너무 허무맹랑하면 오히려 거부감이 들 수 있다. 그래서 우리는 브랜드와 설립자 '나'에 대해 충분히 설명하면서 질문을 다시

해보겠다. 또 프롬프트에 '현실적인'과 '짧게'라는 단어를 추가해서 고객들을 설득시킬 수 있는 현실적이고 간결한 브랜드 스토리를 완성하려고 한다. 이제는 챗GPT의 첫 번째 브랜드 스토리에 등장했던 가상 인물 Han을 우리의 페르소나로 바꾸어 설정할 수 있다. '만능 프롬프트 4'를 활용해서 현실적이고 짧으면서도 독특하고 기억에 남을 브랜드 스토리를 만들어보자.

만능 프롬프트 4

독특하고 기억에 오랫동안 남을 현실적인 브랜드 스토리를 짧게 만들어줘. 우리 브랜드와 설립자 [나]에 대한 정보들을 알려줄게.

1. [a=사업을 처음 접했던 이야기]
2. [b=영감을 받았던 부분]
3. [c=사업을 결심한 계기]
4. [d=브랜드의 고유 가치]
5. [e=브랜드의 철학]

이 정보들과 지금까지 우리가 대화한 내용들을 바탕으로 만들어줘.

프롬프트를 적용해 입력한 질문에 이어지는 대답을 살펴보면, 결과물이 훨씬 간결하고 현실성 있게 바뀐 것을 볼 수 있다.

독특하고 기억에 오랫동안 남을 현실적인 브랜드 스토리를 짧게 만들어줘. 우리 브랜드와 설립자 '나'에 대한 정보들을 알려줄게.

1. 나는 미국 뉴욕에 여행을 갔을 때, 에그 샌드위치를 처음 먹어봤어.
2. 뉴욕에 에그 샌드위치 가게는 너무 친절했고 새로운 맛이었어.
3. 다양한 나라와 인종의 사람들이 좋아하는 것을 보고, 나도 해보고 싶다는 생각을 했어.
4. 뉴욕의 에그 샌드위치에 한국의 맛을 섞을 거야.
5. 우리 브랜드는 정직하게 요리를 할 거야.

이 정보들과 지금까지 우리가 대화한 내용들을 바탕으로 만들어줘.

번역 결과

Shorten a realistic brand story that will be unique and memorable for a long time.

I'll give you information about our brand and founder.

1. When I went on a trip to New York in the U.S., I ate egg sandwiches for the first time.
2. The egg sandwich shop in New York was so friendly and new.
3. Seeing people of various countries and races like it, I thought I should try it, too.
4. I'm going to mix the taste of Korea with the egg.

"Egg sandwiches, inspired by New York, presented in Seoul. fascinate people around the world with egg sandwiches that add to the taste of Korea. Fall in love with the unique charm of honest and delicious egg sandwiches."

번역 결과

"뉴욕에서 영감을 받아 서울에서 선보이는 에그 샌드위치. 한국의 맛을 더한 에그 샌드위치로 세계 각국의 사람들을 매료시키다. 정직하고 맛있는 에그 샌드위치의 독특한 매력에 푹 빠져보세요."

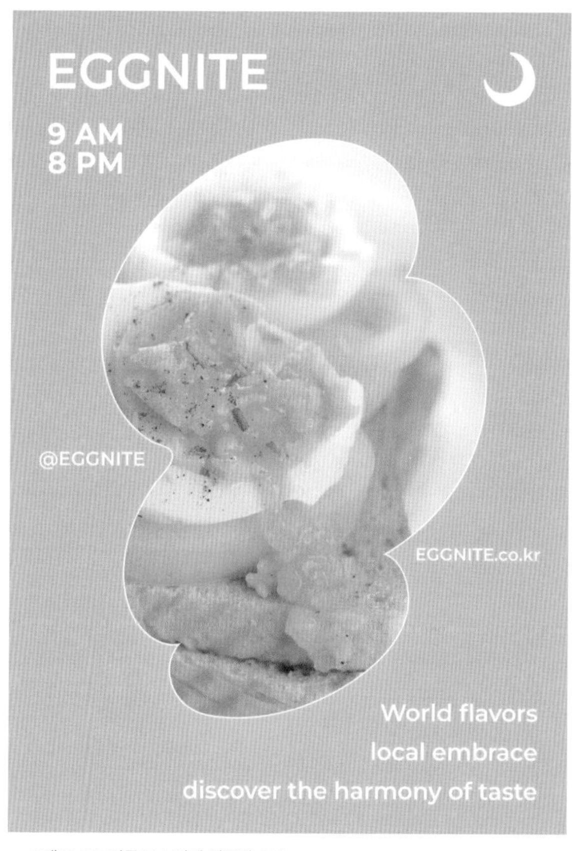

브랜드 스토리를 포스터에 적용한 모습

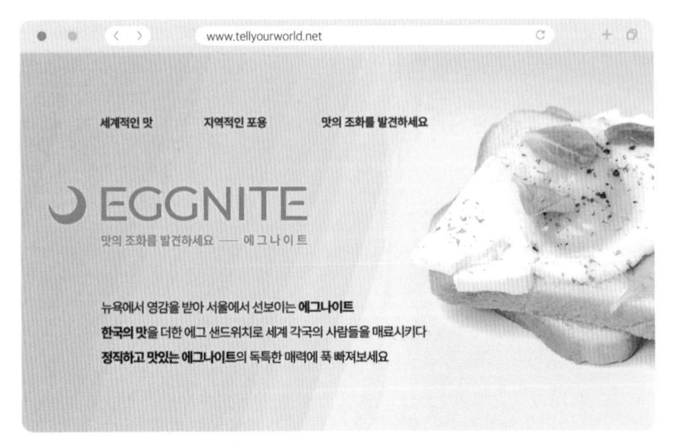
www.tellyourworld.net
세계적인 맛
지역적인 포용
맛의 조화를 발견하세요
EGGNITE
맛의 조화를 발견하세요 — 에그나이트
뉴욕에서 영감을 받아 서울에서 선보이는 에그나이트
한국의 맛을 더한 에그 샌드위치로 세계 각국의 사람들을 매료시키다
정직하고 맛있는 에그나이트의 독특한 매력에 푹 빠져보세요
브랜드 스토리를 웹사이트에 적용한 모습

우리가 제공한 정보들을 바탕으로 브랜드의 설립 사상, 철학, 고유한 가치가 모두 들어간 결과물이 나왔다. 챗GPT가 설정한 브랜드 스토리를 읽어보면 다양한 나라에서 온 사람들이 에그 샌드위치를 맛있게 먹으면서 낯설지만 조화로운 한국의 맛에 대해 이야기를 나누는 모습이 그려진다. 이렇게 만들어진 브랜드 스토리는 브랜드 이름이 정해지면 변형해서 포스터, 광고 등에서 다양하게 활용할 수 있다.

또 하나 배운 것이 있다. 기본 정보 제공이 얼마나 중요한가이다. 챗GPT는 얼마나 많은 정보를 선제적으로 제공해서 학습을 시키는지, 적절한 질문을 통해 대답을 어떻게 이끌어내는지에 따라 결과물의 질이 달라진다. 각각의 상황에 맞춰서 최적의 결과물을 도출해낼 수 있는 질문을 던져야 한다. 또 브랜드 스토리는 브랜딩을 해나가는 과정에서 브랜드와 함께 성장해나가는 것이므로, 고객의 반응을 확인하면서 지속적으로 발전시켜 나가는 노력이 필요하다.

브랜드 메시지와 톤앤매너 만들기

'브랜드 스토리'가 브랜드가 가진 하나의 거대한 서사라고 한다면, '브랜드 메시지'는 브랜드를 통해 알리고 싶은 이념이 담긴 슬로건이다. 이 브랜드 스토리와 브랜드 메시지의 톤을 일치시켜서 고객에게 전달하는 분위기를 일정히 만드는 기준을 설정한다면 그것이 바로 '톤앤매너'이다. 브랜드 기획에 있어서 브랜드 메시지와 톤앤매너의 중요성은 아무리 강조해도 지나치지가 않다. 잘 정의된 브랜드 메시지와 톤앤매너를 통해 기업은 다양한 목표를 달성할 수 있다. 고객이 브랜드를 인지하는 방식을 결정하면서 장기적인 성공에 크게 기여하기 때문이다.

게다가 잘 정의된 브랜드 메시지와 톤앤매너는 직원들이 브랜드의 가치와 비전을 이해하는 데 도움을 준다. 톤앤매너에서 파생되는 브랜드 커뮤니케이션의 어조와 방식은 고객과 정서적 교감을 가능하게 한다. 톤앤매너를 길잡이 삼아 모든 직원이 브랜드 아이덴티티와 일치하는 방식으로 소통하고 상호작용하면서 고객의 브랜드 경험을 더욱 강화할 수 있다. 주목성과 시인성의 원리를 활용한 차별화는 브랜딩의 또 다른 핵심 측면이다. 잠재 고객에게 우리 브랜드가 더 기억에 남도록 브랜드 아이덴티티를 차별화할 수 있다. 앞서 말했다시피 주목성은 '보려고 하지 않았으나 눈에 띄는 성질'이고, 시인성은 '분명한 메시지를 담아 고객의 눈에 잘 보이는 성질'이다. 우리는 지금부터 주목성과 시인성을 가진 브랜드 메시지와 톤앤매너를 설정해서 브랜드를 돋보이게 하는 작업을 할 것이다. 이러한 과정을 통해 고객이 경쟁업체가 아닌 우리 브랜드를 선택하는 빈도가 점차 높아진다면, 고객과의 관계도 오래도록 이어갈 수 있다.

브랜드 메시지를 만들자

브랜드 메시지와 톤앤매너가 무엇인지 충분히 이해가 됐을 것이다. 챗GPT에게 특별한 제한을 두지 않고 "브랜드 메시지를 만들어줘"라고만 질문하면, 다음 내용처럼 길고 정신없는 결과가 나온다. 물론 긴 답변이 마음에 들 사람도 있겠지만 브랜딩 기법의 측면에서는 썩 좋지 않은 답변이다. 브랜드 메시지는 비즈니스의 핵심가치와 고유한 철학을 명확하고 간결하게 전달해야 한다. 이 명확성을 통해 고객은 우리 브랜드의 의미를 알게 되는 것이다.

브랜드 메시지를 만들어줘.

번역 결과

Create your brand message.

"Discover the world through flavor – where diverse tastes meet the comfort of home. Join us at our welcoming egg sandwich shop for a culinary adventure that connects hearts, delights taste buds, and celebrates our shared love for food."

번역 결과

"맛을 통해 세상을 발견하십시오. 다양한 맛이 집의 편안함과 만나는 곳입니다. 마음을 연결하고 미뢰를 즐겁게 하며 음식에 대한 우리의 공유된 사랑을 축하하는 요리 모험을 위해 환영하는 에그 샌드위치 가게에 함께하세요."

그렇다면 이대로 우리는 이 결과를 사용해야 하는 것일까? 대답은 "아니오"다. 이런 브랜드 메시지를 사용하려고 독자 분들이 우리 책을 선택하지는 않았을 것이다. 우리 책에서 '만능 프롬프트'를 제시한 이유는 이런 문제들을 해결하고 '실제로 쓸 수 있는' 결과물을 얻기 위해서이다. 거두절미하고 바로 만능 프롬프트를 이용해서 재질문을 해보자.

만능 프롬프트 5

간결하고 수식 어구를 많이 사용하지 않은 [a=브랜딩 요소]를 만들어줘.

'만능 프롬프트 5'는 다른 질문에서도 활용할 수 있다. 목적어인 〔a=브랜드 메시지〕 부분만 바꿔주면 된다. 예를 들어 카피라이팅을 할 때 챗GPT가 장황한 글을 늘어놓는다면 "간결하고 수식 어구를 많이 사용하지 않은 〔카피라이팅〕을 만들어줘"라고 바꿔 질문하면 된다.

간결하고 수식 어구를 많이 사용하지 않은 브랜드 메시지를 만들어줘.

번역 결과

Create a brand message that is concise and does not use too many adjectives.

"World flavors, local embrace: discover the harmony of taste."

번역 결과

"세계의 맛, 지역의 포용: 맛의 조화를 발견하십시오."

'에그 샌드위치' 브랜드의 메시지로 사용하기에 알맞은 결과가 나왔다. 브랜드 메시지는 "세계의 맛, 지역의 포용: 맛의 조화를 발견하십시오"처럼 간결하고 명확해 고객에게 확실하게 전달되어야 한다. "가장 지역적인 것이 세계적이다"라는 이야기를 많이 들어보았을 것이다. 이처럼 챗GPT는 빅데이터를 기반으로 사람들이 쉽게 이해하고 또 와닿는다고 느낄 수 있는 결과물을 생성한다. 원하는 결과가 나왔으니 우선 노트에 적어두자.

방금의 질문에서 보다시피 챗GPT를 사용할 때 정확한 질문법 즉, 프롬프트의 활용은 참 중요하다. 같은 목적을 가지고 질문을 하더라도 어떻게 하는지에 따라서 결과물이 이렇게나 달라질 수가 있다. 챗GPT는 지식과 정보가 많은 어린 아이와 같다는 얘기를 들어봤을 것이다. 그래서 사용자가 정확하고 알맞게 질문하지 않으면 어린아이의 꿈같은 대답들을 늘어놓고는 한다. 챗GPT를 어르고 달랠 필요는 없지만, 정확히 알아듣게 설명과 질문을 하자. 그렇게만 한다면 우리의 인턴 비서는 웬만한 사람보다 능률이 좋을 것이다.

그런데 챗GPT는 영어 기반이기 때문에 브랜드 메시지의 번역 결과가 매끄럽지 못할 수 있다. 한글 자동번역기를 사용하더라도, 사람이 하는 번역보다는 어색한 경우가 왕왕 있다. 영어 문장을 사용하고 싶다면 원래 대답인 "World flavors, local embrace: discover the harmony of taste"를 그대로 활용하면 된다. 만약 한글 브랜드 메시지가 필요하다면, 챗GPT의 영어 브랜드 메시지를 그대로 복사해서 번역기에 넣어 결과를 얻어보자. 자동번역 결과인 "세계의 맛, 지역의 포용: 맛의 조화를 발견하십시오"를 그대로 사용해도 큰 문제는 없지만, '파파고' 또는 '구글 번역기'를 사용하면 더 매끄러운 결과를 얻을 수 있다.

파파고의 영어 브랜드 메시지 번역 결과

현재 국내에서 가장 매끄러운 번역 서비스를 제공하는 파파고로 번역한 결과이다. 문장이 조금 더 자연스러워졌다. 한글 자동번역기의 결과가 만족스럽지 않다면 번거롭더라도 추가 과정을 거쳐서 더 나은 브랜드 메시지를 설정하기를 권한다.

브랜드 톤앤매너를 설정하자

브랜드 메시지를 만들었으니 이제 챗GPT와 함께 톤앤매너를 설정해보자.

만능 프롬프트 6

브랜드의 톤앤매너를 이해하기 쉽게 [a=개수]개 설정해줘.

만능 프롬프트 7

짧게 요약해서 만들어줘.

원하는 톤앤매너 수만큼의 숫자를 [a=개수]에 입력하면 된다. 답변이 너무 길게 나온다면 '만능 프롬프트 7'을 활용해보자. 챗GPT가 긴 내용을 알아서 요약해준다.

브랜드의 톤앤매너를 이해하기 쉽게 3개 설정해줘.

번역 결과

Set three easy-to-understand brand tone and manners.

1. Friendly: Use warm, welcoming language to make customers feel comfortable and connected.
2. Authentic: Communicate honestly and transparently about the brand's passion, inspiration, and practices.

3. Inspiring: Encourage customers to explore new tastes and experiences, sparking curiosity and excitement.

By following these three easy-to-understand brand tone and manners, the brand will create a relatable and inviting identity that connects with customers and supports its unique story.

번역 결과

1. 친근함: 따뜻하고 친근한 언어를 사용해 고객이 편안하고 연결된 느낌을 받도록 합니다.
2. 진정성: 브랜드의 열정, 영감 및 관행에 대해 정직하고 투명하게 소통합니다.
3. 감동: 고객이 새로운 맛과 경험을 탐색하도록 격려해 호기심과 흥분을 불러일으킵니다.

이해하기 쉬운 세 가지 브랜드 톤앤매너를 통해 브랜드는 고객과 연결되고 고유한 스토리를 지원하는 공감적이고 매력적인 아이덴티티를 만들 것입니다.

'친근함', '진정성', '감동'이라는 3가지의 톤앤매너를 제시하면서 그 이유들도 함께 설명을 해줬다. 3가지 모두 에그 샌드위치 브랜드에 사용하기에 설득력이 있는 톤앤매너들이다. 사람들의 입맛에 호불호가 적도록 가장 친숙한 재료를 사용하고, 주방의 청결한 조리 과정을 공개해 음식에 대한 진정성을 주고,

특별한 소스를 함유한 레시피를 선보임으로써 고객 감동을 높이고자 했던 필자의 실제 에그 샌드위치 사업 아이디어와도 일치했다. 이렇게 가장 기본적이면서도 본질적인 톤앤매너를 챗GPT를 통해 정리할 수 있었다.

톤앤매너를 왜 3가지로 한정 지어서 설정했는지 궁금한 분들이 있을 것이다. 만약 톤앤매너를 지나치게 여러 가지로 설정하게 되면, 브랜딩 행위에 혼란이 올 수 있다. 고객들에게 다양한 모습을 선보이려다가 한 가지도 제대로 보여주지 못할 수 있다. 물론 규모가 큰 기업들은 톤앤매너를 매우 세세하게 설정하는 경우도 있다. 하지만 세세한 톤앤매너도 자세히 들여다보면 명확한 톤앤매너를 적은 가짓수로 설정해서 큰 틀을 잡고, 항목별로 세부사항을 나누어 설정한다. 아직 그런 세세한 부분들까지 신경 쓰기는 힘든 단계이기 때문에 우선 핵심 톤앤매너를 설정해놓고, 브랜드의 본질이 흔들리지 않게 지속하는 것을 권장한다.

그렇다면 식음료가 아닌 타 종류 브랜드의 톤앤매너는 어떻게 추천해줄지 궁금하다. 챗GPT에게 '선크림 브랜드'의 톤앤매너 설정에 대해 '만능 프롬프트 6'을 사용해서 질문해봤다.

Sure, here are three easy-to-understand brand tone and manners that could work for your brand:

1. Simple and straightforward: Your brand can adopt a tone that is simple, clear, and easy to understand. This tone can be used to communicate the benefits of your product and how to use it effectively. Your brand can communicate in a way that is free of jargon and technical terms, making it easy for customers to understand.
2. Fun and adventurous: Your brand can adopt a tone that is fun, adventurous, and speaks to the outdoor enthusiast. This tone can be used to communicate the spirit of exploration and adventure, and how your product helps men enjoy the great outdoors with confidence. Your brand can communicate in a playful and lighthearted manner, using language that is relatable and exciting.
3. Trustworthy and reliable: Your brand can adopt a tone that is trustworthy, reliable, and focused on customer satisfaction. This tone can be used to communicate the quality and effectiveness of your product, and how your brand is dedicated to providing safe and effective sun protection. Your brand can communicate in a way that is professional and reassuring, using language that instills confidence in your customers.

번역 결과

물론, 다음은 귀하의 브랜드에 적용될 수 있는 이해하기 쉬운 세

가지 브랜드 톤과 매너입니다.

1. 단순하고 직설적인: 브랜드는 단순하고 명확하며 이해하기 쉬운 어조를 채택할 수 있습니다. 이 어조는 제품의 이점과 제품을 효과적으로 사용하는 방법을 전달하는 데 사용할 수 있습니다. 귀하의 브랜드는 전문 용어와 기술 용어가 없는 방식으로 소통할 수 있으므로 고객이 쉽게 이해할 수 있습니다.
2. 재미있고 모험적인: 귀하의 브랜드는 재미있고 모험적이며 아웃도어 애호가에게 말하는 어조를 채택할 수 있습니다. 이 톤은 탐험과 모험의 정신을 전달하는 데 사용할 수 있으며 귀사의 제품이 남성이 자신감을 가지고 대자연을 즐길 때 어떻게 도움이 되는지를 전달하는 데 사용할 수 있습니다. 귀하의 브랜드는 공감할 수 있고 흥미로운 언어를 사용해 장난스럽고 가벼운 방식으로 소통할 수 있습니다.
3. 신뢰할 수 있고 믿음직스러운: 귀하의 브랜드는 신뢰할 수 있고 믿음직스러우며 고객 만족에 초점을 맞춘 어조를 채택할 수 있습니다. 이 톤은 귀사 제품의 품질과 효과, 그리고 귀사 브랜드가 안전하고 효과적인 자외선 차단제를 제공하는 방식을 전달하는 데 사용할 수 있습니다. 귀사의 브랜드는 고객에게 자신감을 심어주는 언어를 사용해 전문적이고 안심할 수 있는 방식으로 소통할 수 있습니다.

챗GPT는 젊은 남성들에게 가볍고 유쾌하면서도 단순하고 직설적인 어조로 제품의 이점을 설명하면서, 이 선크림 사용자는 자신감 있고 재미있고 모험심 있는 사람이 될 수 있다는 이미지를 제품에 심는 것을 제안해주었다. 이렇게 챗GPT가 선정한 톤앤매너를 일관성 있게 유지한다면 많은 젊은 남성들에게 어필하는 '힙'한 브랜드를 만들 수 있을 것이다.

4장에서는 브랜드의 핵심가치, 스토리, 메시지, 톤앤매너를 만들어봤다. 이 네 가지 요소들은 브랜드의 아이덴티티로써 브랜딩에 있어 뼈대가 되는 코어이다. 이 과정 없이 시각적인 요소들을 만든다면 뼈대 없이 살을 붙이는 것과 같다. 이번 장에서 챗GPT와 나눈 대화를 통해, 자칫 추상적이고 갈피를 잡기 힘들 수 있는 '톤앤매너'라는 개념을 보다 선명하게 이해하고 명확하게 설정할 수 있었다. 챗GPT와 함께 설정한 구체적인 톤앤매너를 곱씹으면서 '나만의 브랜드'가 어떤 모습으로 구현될지 상상해보기를 바란다. 꽤 즐겁고 신선하며 두근거리지 않는가? 여러분은 브랜드 기획 전문가의 도움을 받아야 할 수 있는 과정을 비용 없이, 쉽고 빠르게 끝낸 것이다.

브랜딩의 첫 번째 과정을 훌륭히 끝낸 독자 분들에게 격려의 박수를 보낸다. 다음 장부터는 더 흥미로운 브랜딩 과정들을 알려드리니 흐름을 잘 따라오며 나만의 브랜드가 탄생하는 재미를 만끽하기 바란다.

CHAPTER 5 챗GPT와 브랜딩 요소들 제작하기

브랜드 이름은 브랜드와 고객 간의 첫 번째 접점인 경우가 많다. '이름'은 모든 사물의 정체성이다. 하물며 브랜드의 이름은 비즈니스 정체성의 중요한 구성 요소일 수밖에 없다. 잘 만들어진 브랜드 이름은 브랜드의 분위기를 설정하고 소비자 인식에 영향을 미치며 키워드 설정 등 전반적인 브랜딩 전략의 토대가 된다.

이제 4장에서 만든 브랜드 아이덴티티를 바탕으로 챗GPT와 함께 브랜딩의 요소들을 꾸려나갈 것이다. 이번 장까지는 브랜딩 과정에 있어서 기획에 해당한다.

브랜드 이름 만들기

기억에 남을 만한 독특한 이름은 혼잡한 시장에서 우리 브랜드를 돋보이게 하고, 고객이 제품이나 서비스를 필요로 할 때 우리 브랜드를 쉽게 떠올리도록 한다. 멋진 브랜드 이름은 고객과의 정서적 연결을 촉진해서 고객 충성도를 높이고 장기적인 참여에 기여하기 때문이다. 디지털 시대인 오늘날 온라인에서 쉽게 검색할 수 있는 브랜드 이름을 짓는 것은 웹사이트와 소셜 미디어에서 화제성과 트래픽을 유도하는 데에도 중요하다.

천 번 말해도 모자란 브랜드 이름 정하기의 중요성

매력적인 이름을 붙이면 브랜드가 성공할 확률이 수직 상승한다. 하지만 무언가의 이름을 짓는다는 것은 여간 쉬운 일이 아니다. 오래 생각해도 좋은 아이디어가 잘 떠오르지 않고, 마음에 쏙 드는 이름을 끝까지 못 찾을 때도 있다.

실제 필드에서 에그 샌드위치 카페를 브랜딩할 때의 이야기이다. 브랜드 아이덴티티 정립을 다 끝내고 브랜드 이름을 정할 단계였다. 이름을 짓는 데까지 쓸 예산은 책정이 되어있지 않던 터라 직접 지어야 했다. 그 전에 다른 여러 사업들을 하면서 브랜드 이름의 중요성을 누구보다 잘 알고 있었기에 깊은 고민에 빠질 수밖에 없었다. 독특하고 센스 있는 작명을 원했다. 사람들이 한 번만 들어도 뇌리에 박힐 수 있는 이름이 필요했다.

또 브랜드 이름에 몇몇 필수 조건이 있었다. 해외 브랜드였기 때문에 이름을 영어로 지어야 했고, 제품의 특징을 살리는 이름이어야 했다. 그래서 EGG(에그)라는 발음이 들어가는 영어 이름을 짓기로 결정하고 브레인스토밍과 자료 조사에 들어갔다. 수개월 동안 아침에 일어나서부터 잘 때까지 머릿속에서 고민이 떠나지 않았다. 영어 사전을 뒤져가며 EGG와 비슷한 발음이 나는 단어들을 찾고, 찾고 또 찾았다. 가족, 친구, 주변의 모든 지인들에게 아이디어가 있으면 알려달라고 괴롭혔다. 몇 개월이 지나서야 드디어 마음에 드는 이름을 찾을 수 있었다. '황홀함'이란 뜻을 가진 'Ecstasy'를 변형해서 만든 이름, 'Eggstasy'였다. 3장에서 언급했었던 이 이름은 어머니가 주신 아이디어였다.

Egg in	**Egg run**
Egg zone	**Egg morning**
Runny Egg	**Scrambled eggs**
Egg into	**Ramble**
Egg mong	
Egg monster	**Exit**
Perfect Egg	**Excalibur**
Mr egg	**Express**
Pretty Egg	**...**

에그 샌드위치 사업의 브랜딩을 할 당시에 브랜드 이름을 정하기 위해 실제로 메모장에 적어놨던 이름 후보 목록들

챗GPT야, 어떤 이름으로 할까?

이 사례에서 볼 수 있듯이 브랜드 이름을 정하는 것은 재미있는 과정이면서도 머리를 지끈거리게 한다. 그런데 똑같은 결과물을 1초도 안 걸려서 단숨에 만들어낸 챗GPT를 보고 얼마나 황당했겠는가? 억울해서 울어야 할지 이 책에 녹여낼 수 있어서 웃어야 할지, 시쳇말로 참 '웃픈(웃기고도 슬픈)' 상황이었다. 이제는 더 이상 머리를 쥐어짜지 않고 챗GPT의 도움을 받으면 브랜드 이름과 같은 중요하고도 강력한 사업 요소를 쉽고 빠르게 정할 수 있는 것이다.

이 정도면 우리의 인턴 비서 챗GPT에게 브랜드 이름을 물어보는 것이 얼마나 효과적인지 전달됐으리라 믿는다. 바로 실전으로 들어가 필요한 질문을 해보자.

만능 프롬프트 8

[a=원하는 조건 또는 특징] 브랜드 이름 [b=개수]개를 추천해줘.

만능 프롬프트 9

[a=개수]가지를 더 추천해줘.

만능 프롬프트 8의 [a=원하는 조건 또는 특징]에는 '로고 만들기에 좋은', '사람들이 기억하기 쉬운', '귀여운' 등의 적절한 조건을 넣으면 된다. 브랜드 이름도 다른 프롬프트를 사용했을 때와 같이 원하는 만큼의 개수를 추천받을 수 있다. 하지만 너무 많은 수를 추천받는다면 최종 결정이 힘들 수 있으므로 추천 이름은 5가지 정도가 좋다. 조건을 너무 여러 가지 입력하거나, 복잡하게 입력하면 만족스럽지 않은 결과가 나올 수 있다. 최대한 심플하고 간결하게 입력을 하길 권장한다. 우리의 비서는 아직 인턴이라는 사실을 잊지 말자.

Egg의 발음이 들어간 브랜드 이름 5가지를 추천해줘.

번역 결과

Recommend 5 brand names with the pronunciation of egg.

1. EggCiting: A combination of "egg" and "exciting", emphasizing the enjoyable and thrilling experience customers will have with the egg sandwiches.
2. EggFusion: Merging "egg" with "fusion" to represent the blend of international flavors in the egg sandwich offerings.
3. EggSplorer: Uniting "egg" with "explorer" to suggest the adventurous journey customers will take through the

diverse tastes.

4. EggVoyage: Combining "egg" with "voyage" to convey the culinary trip customers will embark on with the egg sandwiches.
5. EggCentric: Fusing "egg" with "eccentric" to highlight the unique and unconventional flavors and atmosphere of the egg sandwich shop.

번역 결과

1. EggCiting: "계란"과 "흥분됨(exciting)"의 합성어로 고객이 에그 샌드위치에서 느낄 수 있는 즐겁고 짜릿한 경험을 강조합니다.
2. EggFusion: "계란"과 "퓨전"을 결합해 에그 샌드위치 제품에 세계 각국의 풍미가 혼합된 것을 나타냅니다.
3. EggSplorer: "계란"과 "모험(explorer)"을 결합해 고객이 다양한 취향을 통해 모험을 떠날 수 있는 여행을 제안합니다.
4. EggVoyage: "계란"과 "여행(voyage)"을 결합해 고객이 에그 샌드위치와 함께 떠나는 요리 여행을 전달합니다.
5. EggCentric: "계란"과 "괴짜(eccentric)"를 결합해 에그 샌드위치 가게의 독특하고 파격적인 맛과 분위기를 강조합니다.

챗GPT가 5가지 브랜드 이름과 각 이름을 선정한 이유를 알려줬다. 여기서 마음에 드는 이름이 있으면 선택하면 되고, 만약에 없다면 '만능 프롬프트 9'를 사용해서 추가로 추천을 더 요청하면 된다. 챗GPT의 이름 추천이 조금 아쉬워서 5개의 아이디어를 더 받아보기로 했다.

5가지를 더 추천해줘.

번역 결과

Recommend 5 more.

1. EggVenture: A combination of "egg" and "adventure," emphasizing the exploration of flavors and experiences at the egg sandwich shop.
2. EggNite: Merging "egg" with "ignite" to represent the passion for food and the spark of connection customers will feel while enjoying the egg sandwiches.
3. EggZest: Uniting "egg" with "zest" to convey the lively, vibrant atmosphere and the flavorful offerings of the egg sandwich shop.
4. EggGather: Combining "egg" with "gather" to suggest a welcoming space where people come together to share in the enjoyment of delicious egg sandwiches.
5. EggCharm: Fusing "egg" with "charm" to highlight the delightful, memorable experience customers will have while visiting the egg sandwich shop.

번역 결과

1. EggVenture: "계란"과 "모험(adventure)"의 합성어로, 에그 샌

드위치 가게에서의 맛과 경험의 탐구를 강조합니다.

2. EggNite: "계란"과 "점화하다(ignite)"를 결합해 음식에 대한 열정과 고객이 에그 샌드위치를 즐기면서 느낄 연결의 불꽃을 나타냅니다.
3. EggZest: "계란"과 "열정(zest)"을 결합해 활기차고 활기찬 분위기와 에그 샌드위치 가게의 풍미를 전달합니다.
4. EggGather: "계란"과 "모으다(gather)"를 결합해 사람들이 모여 맛있는 에그 샌드위치를 함께 즐길 수 있는 환영의 공간을 제안합니다.
5. EggCharm: "계란"과 "매력(charm)"을 융합해 고객이 에그 샌드위치 가게를 방문하는 동안 즐겁고 기억에 남을 경험을 강조합니다.

챗GPT가 추가로 5가지의 이름을 더 추천해줬다. 뜻과 단어의 어감을 함께 고려해보았을 때, 'Eggnite'가 가장 마음에 들어 선택하고 다음 단계로 넘어가려고 한다. 드디어 우리 책에서 만든 가상 브랜드에 에그나이트Eggnite라는 이름이 생겼다.

그런데 여기서 잠깐, 챗GPT가 추천한 이름 중에 마음에 드는 것이 있다고 바로 사용했다가는 낭패를 볼 수가 있다. 바로 그 무섭다는 '상표등록' 때문이다. 한마디로 이미 임자가 있는 이름일 수 있다는 이야기이다. 누군가가 상표권을 선점한 이름을 잘못 사용했다가는 막대한 손해배상을 해야 할 수도 있으므로 꼭 체크를 하고 넘어가야 한다. 그러면 우리는 이것을 전문가에게 비용을 지불해서 확인해야 할까? 다행히 그럴 필요가 없다. 우리는 나라에서 운영하는 '키프리스'라는 사이트(http://kdtj.kipris.or.kr)에서 무료로 간편하게 확인할 수가 있다. 따로 회원가입을 할 필요 없이 바로 상표등록 검색을 해볼 수 있어서 편리하다. 키프리스의 검색란에 정한 브랜드 이름을 입력하고 검색 버튼을 누르면 결과가 나온다. 다행히 'Eggnite'는 아직 아무도 사용을 하지 않고 있다. 그럼 이제 사용해도 되는 것일까? 대답은 '아니요'다. 브랜드 이름은 한글로도 검색을 해봐야 한다. 다행히 '에그나이트'라는 한글 이름도 아직 사용 중인 곳은 없다. 이제 이 이름을 사용하기로 결정했다면 상표등록을 먼저 하기를 권장한다. 브랜딩을 하고 사업 준비를 하는 도중에 다른 누군가가 같은 이름으로 준비하고 있을 수도 있고, 상표등록을 먼저 할 수도 있기 때문이다. 같은 맥락에서 필요하다면 웹사이트 도메인도 미리 구입해놓는 것을 추천한다. 자, 상표등록을 마쳤다면 이제 우리의 비서에게 확정된 브랜드 이름을 알려주자.

굳이 번거롭게 왜 챗GPT에게 브랜드 이름을 알려주느냐고 생각할 수 있다. 하지만 그 짧은 한 문장의 대화가, 그 다음 과정들을 더 의미 있고 풍요롭게 해줄 것이다. 챗GPT는 우리의 대화를 토대로 대답을 해주기 때문이다. 우리가 정한 이름을 모르고 하는 대답보다, 우리가 정한 이름을 알고 주는 결과물이

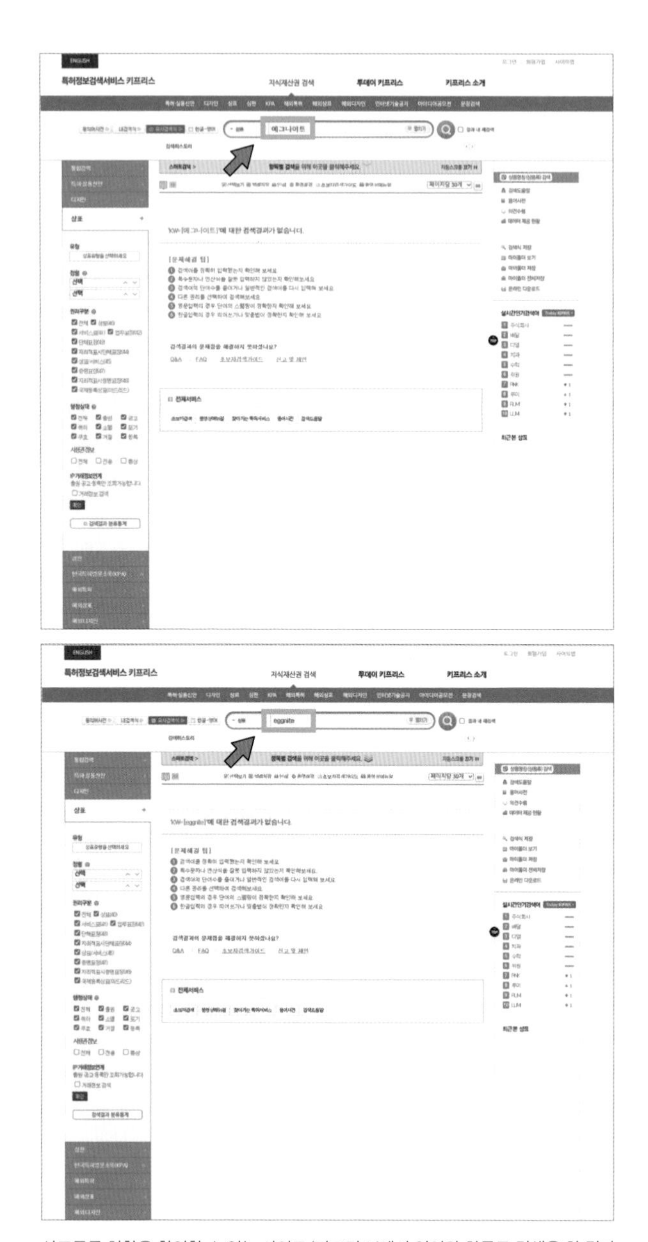

상표등록 현황을 확인할 수 있는 사이트 '키프리스'에서 영어와 한글로 검색을 한 결과

브랜드의 아이덴티티와 더욱 일치한다. 브랜드 이름은 브랜딩에 있어서 정말 중요한 부분이니, 신중히 선택하고 활용하기 바란다.

나는 이름을 Eggnite로 정했어.

번역 결과

I named it Eggnite.

Great choice! Eggnite is a catchy and memorable name that evokes excitement and passion for delicious egg sandwiches.

번역 결과

좋은 선택입니다! Eggnite는 맛있는 에그 샌드위치에 대한 흥분과 열정을 불러일으키는 재미있고 기억에 남는 이름입니다.

브랜드 키워드 설정

브랜드 키워드를 설정하는 것은 브랜드의 본질을 정의하고 브랜딩 전략을 수립하는 데 유용하다. 또 브랜드 정체성의 초석 역할을 한다. 브랜드 키워드는 시각적 디자인 요소에서도 중요한데, 메시지부터 톤에 이르기까지 모든 브랜딩 요소들의 일관성을 유지하면서 브랜드 인지도를 향상하는 데에 도움이 되기 때문이다.

챗GPT와 키워드 3가지 정하기

챗GPT와 함께 브랜드 키워드를 정해보자. 브랜드 키워드를 3가지로 설정하는 것은 브랜드 톤앤매너를 3가지로 설정한 것과 같은 이유에서이다. 너무 많은 수의 키워드를 설정하면 일관된 브랜딩이 힘들어질 수가 있다. 챗GPT에게 브랜드 키워드 3가지를 만들어달라고 부탁해보자. 처음부터 5가지 정도의 브랜드 키워드를 만들어서 그중에 3가지를 고르는 방법도 있다.

만능 프롬프트 10

브랜드 키워드를 [a=개수]가지 만들어줘.

브랜드 키워드를 3가지 만들어줘.

번역 결과

Create 3 brand keywords.

1. Fresh: This keyword highlights the use of fresh, high-quality ingredients in every Eggnite sandwich, ensuring a delicious and satisfying experience for customers.
2. Innovative: This keyword emphasizes the unique and creative twists on traditional egg sandwiches that Eggnite offers, showcasing the brand's forward-thinking approach.
3. Social: This keyword captures the welcoming and friendly atmosphere of Eggnite, where customers can connect with friends and share their love for delicious egg sandwiches in a relaxed environment.

번역 결과

1. 신선함: 이 키워드는 모든 Eggnite 샌드위치에 신선하고 고품질의 재료를 사용해 고객에게 맛있고 만족스러운 경험을 보장한다는 점을 강조합니다.
2. 혁신: 이 키워드는 Eggnite가 제공하는 전통적인 에그 샌드위치의 독특하고 창의적인 반전을 강조해 브랜드의 미래 지향적 접근 방식을 보여줍니다.
3. 소셜: 이 키워드는 고객이 편안한 환경에서 친구들과 연결하고 맛있는 에그 샌드위치에 대한 사랑을 나눌 수 있는 Eggnite의 환영하고 친근한 분위기를 포착합니다.

챗GPT는 키워드 3가지와 함께 항상 그렇듯이 선정 이유를 친절히 설명해줬다. 챗GPT가 제시한 키워드는 '신선함', '혁신', '소셜' 3가지이다. 챗GPT가 선정한 키워드의 적합성을 확인해보기

Friendly

Fresh

Premium egg

'Eggstasy'의 브랜드 키워드

위해 실제 에그 샌드위치 브랜드인 'Eggstasy' 브랜딩을 할 때 선정했던 키워드와 비교해 봤더니 3가지 중 무려 2가지(신선함, 소셜=친근함)가 챗GPT의 결과와 같았다. 그 당시에 선정한 3가지 키워드는 Friendly(친근함), Fresh(신선함), Premium egg(고품질 계란)였다. 고객에게 친숙한 이미지를 심어주면서도, 메인 재료인 계란이 고품질임을 강조하면서 신선한 음식을 만드는 브랜드라는 것을 나타내기 위함이었다. 챗GPT가 제시한 나머지 하나 키워드인 '혁신'도 맛을 꾸준히 발전시켜나가는 브랜드라는 의미에서 아주 적절한 추천이다. 즉, 바로 사용할 수 있는 키워드들인 것이다.

그러나 누군가는 챗GPT가 첫 번째로 만들어준 키워드들이 마음에 들지 않을 수가 있다. 그럴 때는 '만능 프롬프트 9'를 사용해서 추천을 더 받은 후에 결정을 하면 된다. 만약 3개의 키워드 중에 하나만 마음에 들지 않는다면 다음의 프롬프트를 사용해서 키워드 하나는 다른 걸로 바꿀 수가 있다.

만능 프롬프트 11

[a=제외하고 싶은 키워드]를 빼고 다른 한 가지를 넣어서 다시 만들어줘.

다각적인 이해를 돕기 위해 두 번째 선크림 브랜드의 키워드 예시도 살펴보자. 앞의 '브랜드 이름 만들기' 파트의 내용을 선크림 브랜드에도 똑같이 적용시켜 'SUNARMOR'라는 이름을 정했다. 이 이름을 챗GPT에게 알려주고, 선크림 브랜드에 적합한 키워드 3가지를 만들어달라고 부탁했다.

Sure, based on the information you've provided, here are three brand keywords that could be relevant for your business:

1. Protection: This keyword aligns with your business's focus on providing safe and effective sun protection for men. It communicates the idea of shielding and preventing harm from the sun's harmful rays.
2. Innovation: This keyword aligns with your business's commitment to using natural ingredients and rigorous manufacturing standards to create a long-lasting and effective sunscreen product. It communicates the idea of creativity, progress, and staying ahead of the curve.
3. Confidence: This keyword aligns with your business's aim to help men feel confident and secure when enjoying outdoor activities. It communicates the idea of empowerment and trust in the quality of the product.

번역 결과

물론입니다. 제공하신 정보를 바탕으로 귀하의 비즈니스와 관련이 있을 수 있는 세 가지 브랜드 키워드는 다음과 같습니다.

1. 보호: 이 키워드는 남성에게 안전하고 효과적인 자외선 차단제를 제공하는 비즈니스의 초점과 일치합니다. 그것은 태양의 유해한 광선으로부터 피해를 보호하고 예방한다는 아이디어를 전달합니다.
2. 혁신: 이 키워드는 오래 지속되고 효과적인 선크림 제품을 만들기 위해 천연 성분과 엄격한 제조 표준을 사용하려는 기업의 약속과 일치합니다. 창의성, 진보 및 앞서가는 아이디어를 전달합니다.
3. 자신감: 이 키워드는 남성이 야외 활동을 즐길 때 자신감과 안정감을 느끼도록 돕는 비즈니스 목표와 일치합니다. 그것은 제품의 품질에 대한 권한 부여 및 신뢰의 아이디어를 전달합니다.

챗GPT가 '보호', '혁신', '자신감'을 상세한 이유와 함께 키워드로 선정해줬다. 이 브랜드 키워드는 나중에 광고의 카피와 여러 가지 브랜드 애플리케이션에도 활용할 수 있다. 브랜드 키워드를 모두 정했다면 브랜딩 과정의 절반은 온 것이다. 이제 브랜드의 분위기와 모티프를 설정해보자.

브랜드 분위기와 모티프 정하기

브랜드 분위기와 모티프는 유니크하고 결속력 있는 브랜드 아이덴티티를 만드는 데 중요하다. 브랜드의 로고 심볼 · 매장 외관 등 전반적인 모양과 느낌, 톤을 설정하는 데에 큰 기준이 되고, 고객이 우리 브랜드를 인식하는 방식에 영향을 미친다. 브랜드 분위기와 모티프를 알맞게 설정해야 고객과의 정서적 연결을 만들고, 일관성을 유지하고, 브랜드를 차별화하고, 브랜드 가치와 개성을 효과적으로 전달할 수 있다. 브랜드의 분위기와 모티프를 세심하게 정의하는 작업을 거치면, 타깃 오디언스의 공감을 불러일으키는 강력하고 결집력 있는 브랜드 아이덴티티를 만들 수 있다.

소위 말하는 '힙한' 브랜드는 이 분위기와 모티프를 영리하게 설정한다. 힙합 스트릿 의류 브랜드 스투시STUSSY를 선호하는 사람과 미니멀하고 정갈한 분위기의 스킨케어 브랜드 이솝Aesop을 좋아하는 사람은 다르다. 우리는 타깃 오디언스의 취향과 마음을 저격하는 분위기를 구현해야 한다. 그런 의미에서 브랜드 분위기를 시각적으로 잘 구현하는 것은 상상 이상의 가치를 가진다. 우리가 익히 알고 있는 스타벅스나 나이키 등 잘 만든 브랜드 로고는 백지에 로고 하나만 있어도 고급스러운 브랜드 이미지를 전달하면서 구매를 유도한다.

브랜드 분위기 정하기

브랜드 분위기는 브랜드가 불러일으키는 감성적인 분위기를 말한다. 시각적 디자인 요소, 메시지와 음성 톤의 조합을 통해 생성되는 경우가 많다. 분위기는 브랜드의 핵심가치를 반영하면서도 고객과 부드러운 소통을 유도하도록 설정해야 한다.

브랜드의 분위기 설정은 매우 중요하지만 참 어려운 부분이다. 전문가가 아닌 사람들에게는 더욱 난해하고 애매모호하다. 전문가에게 맡긴다고 할지라도 원하는 바를 정확히 전달하는 것이 쉽지 않다. '그 느낌 아시죠? 그런 느낌으로 해주세요'와 같은 문장이 밈Meme으로 쓰이는 것만 봐도 공감하는 사람들이 많다는 것을 알 수 있다. 원하는 바를 명확히 전달하기가 참 어려운 단계이다. 조금이나마 이해를 돕고자 실제로 브랜드 'Eggstasy'의 분위기와 모티프를 정했을 때 일화를 들어 챗GPT의 결과를 해석해보려고 한다.

브랜드 'Eggstasy'의 분위기와 모티프를 정하기 위해 디자이너를 고용했던 때의 일이다. 디자이너와 함께 세부사항들을 정하고, 외주업체에게 인테리어 투시도를 맡겨서 시각화를 진행했다. 하지만 원하는 시각적 이미지의 표현이 어려웠고, 디자이너와의 기획 회의가 잘 풀리지 않았다. 어설프게 설정한 분위기와 모티프를 바탕으로 작업한 외주업체의 인테리어 투시도 시안이 마음에 들 리 없었다. 기획을 수정하고, 다시 비용을 지불해서 외주업체의 시안을 받아보는 악순환이 반복됐다. 하지만 매장 브랜딩을 함에 있어서 분위기 설정은 너무나도 중요했기 때문에 다시 하지 않을 수가 없었다.

하지만 우리의 비서, 챗GPT는 놀랍게도 그 어려운 '느낌'을 알고 있었다. 게다가 깔끔하게 정돈해 언어로 표현까지 해준다. 챗GPT가 어떻게 애매모호한 부분들을 명쾌하게 풀어서 이야기하는지 확인해보자.

만능 프롬프트 12

우리 브랜드와 어울리는 브랜드 분위기를 정해줘.

'만능 프롬프트 12'을 사용해서, 브랜드 분위기를 정할 수 있다. '우리 브랜드와 어울리는'이라는 조건을 추가하면 지금까지 결정한 브랜딩 요소들을 바탕으로 최적의 결과물을 도출해줄 것이다.

우리 브랜드와 어울리는 브랜드 분위기를 정해줘.

번역 결과

Set a brand atmosphere that matches our brand.

To set a brand atmosphere that aligns with your Eggnite brand, which focuses on Fresh, Innovative, and Social values, consider integrating the following elements:

… (중략)

By incorporating these elements, you can create a cohesive and engaging brand atmosphere that embodies the Fresh, Innovative, and Social values of your egg sandwich shop, Eggnite.

번역 결과

신선하고 혁신적이며 사회적인 가치에 중점을 둔 Eggnite 브랜드와 일치하는 브랜드 분위기를 설정하려면 다음 요소를 통합하는 것을 고려하십시오.

1. 색상 팔레트: 신선함을 위한 활기찬 녹색(HEX: #3CB371), 에너지를 위한 밝은 노란색(HEX: #FFD700), 현대적인 느낌을 위한 깨끗한 흰색(HEX: #FFFFFF)과 같은 색조를 통합해 신선하고 생생한 색상 팔레트를 활용합니다.
2. 분위기: 에그 샌드위치 가게에 환영하고 활기찬 분위기를 조성하십시오. 고객 간의 사회적 상호작용 및 연결을 장려하는 개방적이고 매력적인 공간을 디자인하십시오.
3. 시각적 요소: 로고, 포장 및 매장 인테리어에 현대적이고 깔끔한 디자인 요소를 포함해 브랜드의 혁신적 특성을 전달하십시오. 고전적인 에그 샌드위치에 신선한 재료와 독창적인 반전을 보여주는 시각 자료를 사용하세요.

4. 조명: 밝고 자연스러운 조명을 선택해 상점의 신선하고 사교적인 분위기를 향상시키십시오. 이것은 고객이 식사를 즐기고 대화에 참여할 수 있는 공간을 더욱 매력적이고 편안하게 만들 것입니다.
5. 음악: 브랜드의 활기찬 사회적 분위기를 보완하는 경쾌하고 에너지 넘치는 음악을 재생합니다. 이것은 젊은 도시의 대상 고객과 공감할 수 있는 재미있고 매력적인 환경을 조성할 것입니다.
6. 인테리어 디자인: 선택한 색상 팔레트와 함께 목재 및 녹지와 같은 천연재료를 사용해 브랜드의 신선함과 혁신을 강조하십시오. 공동 테이블이나 친구 그룹을 위한 아늑한 구석과 같이 사교를 장려하는 좌석을 배치합니다.
7. 직원: 귀하의 고유한 에그 샌드위치 제품에 대해 친절하고 지식이 풍부한 직원을 교육하십시오. 이를 통해 브랜드 가치와 일치하는 긍정적이고 기억에 남는 고객 경험을 보장할 수 있습니다.

이러한 요소를 통합해 에그 샌드위치 가게인 Eggnite의 신선하고 혁신적이며 사회적인 가치를 구현하는 응집력 있고 매력적인 브랜드 분위기를 만들 수 있습니다.

챗GPT는 지금까지 함께 설정한 브랜딩 요소들을 바탕으로 이렇게나 브랜드 분위기를 구체적으로 설정해줬다. 위와 같이 색상 팔레트부터 조명, 음악, 인테리어 디자인 등 다양한 요소들을 디테일하게 설정함으로써 우리가 원하는 브랜드 분위기를 형성해서 끌어나갈 수가 있다.

그런데 챗GPT의 답변을 자세히 읽어보니 전문 디자이너와 함께 브랜딩을 진행하면서 나온 실제 결과물과 매우 흡사하다는 것을 알 수 있었다. 챗GPT는 현대적인 느낌이 나는 깨끗한 흰색과 에너지가 느껴지는 밝은 노란색을 색상 팔레트로 쓸 것을 추천했는데, 실제 'Eggstasy' 브랜드 매장을 디자인할 때 적용했던 인테리어와 배색이 거의 흡사하다. 또 챗GPT는 에그 샌드위치 가게에 활기찬 분위기를 조성해 개방적이고 매력적인 공간을 디자인하고, 현대적이며 깔끔한 디자인 요소를 포함하라고 조언했다. 이 결과도 마찬가지로 전문 디자이너와 에그 샌드위치 가게를 디자인할 때 나왔던 콘셉트와 거의 흡사했다.

챗GPT는 신선하고 생생한 색상 팔레트를 사용하라는 조언까지 덧붙이면서, 오랜 시간 디자인 전문가와 공들여 완성시킨 내용들을 짧은 시간 안에 도출해줬다. 물론 여기서 챗GPT의 결과물이 완벽하지는 않을 수 있다. 챗GPT가 언어로 표현한 내용에 우리의 상상력을 덧붙여 가감할 수 있다. 또 내용이 마음에 들지 않는다면 추가적인 다른 답변을 얻어서 나온 결과물들을 혼합해 추가적인 아이디어를 생각해낼 수 있다는 것을 기억하자.

Fitzroys
MOJO
BEAUTY
307
eggstasy
ORDER
COLLECT
ARRIVALS
eggstasy
20%
off

ORDER
COLLECT
ARRIVALS
eggstasy
eggstasy

챗GPT에게 '만능 프롬프트 12'를 사용해 두 번째 예시인 선크림 브랜드에 대해서 질문을 하면 어떻게 답할까?

Sure, based on the information you've provided about your business, here is a suggestion for a brand atmosphere that matches your brand:

Atmosphere:

1. Active: Your brand should exude an active atmosphere that is focused on movement, energy, and vitality. This can be conveyed through imagery and messaging that promotes an active lifestyle, such as sports, fitness, and outdoor activities.
2. Natural: Your brand should have a natural atmosphere that emphasizes the use of natural ingredients and a commitment to sustainability. This can be conveyed through messaging and imagery that showcases the natural beauty of the outdoors and the benefits of using natural ingredients.
3. Confident: Your brand should have a confident atmosphere that communicates strength, reliability, and trustworthiness. This can be conveyed through messaging and imagery that emphasizes the quality and effectiveness of your product, and the confidence it brings to your customers.

By adopting an active, natural, and confident atmosphere, your brand can appeal to your target audience and create a strong, trustworthy reputation in the market.

번역 결과

물론입니다. 귀하의 비즈니스에 대해 제공하신 정보를 바탕으로 귀하의 브랜드와 일치하는 브랜드 분위기에 대한 제안은 다음과 같습니다.

분위기:

1. 활동성: 당신의 브랜드는 움직임, 에너지, 활력에 초점을 맞춘 활동적인 분위기를 발산해야 합니다. 이는 스포츠, 피트니스, 야외 활동과 같은 활동적인 라이프스타일을 촉진하는 이미지와 메시지를 통해 전달할 수 있습니다.
2. 자연: 브랜드는 천연 재료의 사용과 지속 가능성에 대한 약속을 강조하는 자연스러운 분위기를 가져야 합니다. 이는 야외 자연의 아름다움과 천연 재료 사용의 이점을 보여주는 메시지와 이미지를 통해 전달할 수 있습니다.
3. 자신감: 당신의 브랜드는 강점, 신뢰성, 신뢰성을 전달하는 자신감 있는 분위기를 가져야 합니다. 이는 제품의 품질과 효과, 고객에게 제공하는 자신감을 강조하는 메시지와 이미지를 통해 전달할 수 있습니다.

활동적이고 자연스러우며 자신감 있는 분위기를 채택함으로써 귀하의 브랜드는 대상 청중에게 어필하고 시장에서 강력하고 신뢰할 수 있는 평판을 만들 수 있습니다.

에그 샌드위치 브랜드에 대해서는 오프라인 매장이라는 가정하에 매장의 전반적인 분위기(조명, 컬러, 직원의 태도, 인테리어 등)

에 대한 결과물을 줬지만, 선크림은 온라인 판매 제품이라는 특성에 맞게 온라인 시장에서 통용될 수 있는 제품 자체의 분위기를 설정해줬다. 이렇게 챗GPT는 독자 분들이 브랜딩을 하고자 하는 브랜드의 카테고리와 특성에 맞게 대답을 해준다. 우리의 인턴 비서 챗GPT를 잘 교육해서 용도에 맞는 좋은 결과를 얻기 바란다.

모티프 설정하기

쉽게 비유하자면, 브랜드 모티프는 마치 사람이 피부에 새긴 타투와 같다. 사람들은 타투를 통해 다른 사람들에게 자신의 개성과 가치를 표현하고, 인상적인 이미지를 남기게 된다. 브랜드 모티프도 이와 유사하게 브랜드의 개성과 가치를 표현하는 도구로 사용된다. 그래서 브랜드 모티프는 브랜드가 전달하고자 하는 핵심철학을 시각적 요소로 표현하는 준거가 된다.

브랜드 모티프는 로고, 캐릭터, 색상, 패턴, 그래픽, 소리 등 다양한 형태로 표현된다. 독특하고 기억에 남으면서도 브랜드의 분위기나 전반적인 아이덴티티와 일치하면 좋은 브랜드 모티프라고 할 수 있다. 예를 들어보면, 스위스 초콜릿 브랜드 토블론의 로고는 마터호른Matterhorn이라는 스위스 산과 곰이 모티프이다. 이 로고를 보면 사람들은 스위스를 떠올리게 되고, 자연스럽게 깨끗한 자연으로 연상이 이어진다. 토블론은 브랜드 모티프를 통해 청정한 스위스의 전통 초콜릿임을 은근히 어필하고 있는 것이다.

만능 프롬프트 13

우리 브랜드와 어울리는 브랜드 모티프를 설정해줘.

브랜드 분위기를 정한 것과 비슷한 형식으로 브랜드 모티프도 설정해보자. 만능 프롬프트 11에서와 마찬가지로 '우리 브랜드와 어울리는'이라는 조건을 추가해서 지금까지 결정한 브랜딩 요소들을 챗GPT가 데이터베이스로 사용할 수 있도록 했다.

우리 브랜드와 어울리는 브랜드 모티프를 설정해줘.

번역 결과

Set a brand motif that matches our brand.

To set a brand motif that aligns with your Eggnite brand, which focuses on Fresh, Innovative, and Social values, consider incorporating the following elements:

… (중략)

By incorporating these motifs into your branding, you can create a consistent and visually appealing identity that resonates with the Fresh, Innovative, and Social values of your egg sandwich shop, Eggnite.

번역 결과

신선하고 혁신적이며 사회적 가치에 중점을 둔 Eggnite 브랜드와 일치하는 브랜드 모티프를 설정하려면 다음 요소를 통합하는 것을 고려하십시오.

1. 달걀 중심 이미지: 깨진 달걀 껍질이나 달걀의 윗면을 위로 한 달걀과 같은 달걀 관련 비주얼을 브랜딩에서 반복되는 모티프로 사용하세요. 이것은 장난스럽고 기억에 남는 아이덴티티를 유지하면서 브랜드와 에그 샌드위치 개념 사이에 강력한 연관성을 생성할 것입니다.
2. 모던 타이포그래피: 로고, 메뉴, 사이니지 등 브랜딩 자료에 모던하고 깔끔한 서체를 선택하세요. 이것은 가독성과 시각적 매력을 유지하면서 브랜드의 혁신적이고 현대적인 특성을 전달합니다.
3. 신선한 재료: 허브, 야채, 숙련공 빵과 같은 신선한 재료의 삽화나 이미지를 모티프의 일부로 통합하십시오. 이것은 제품의 신선함을 강조하고 브랜드 가치와 일치합니다.
4. 기하학적 패턴: 달걀(타원형, 원)에서 영감을 받은 단순하고 기하학적인 패턴 또는 모양을 브랜딩 자료 전반에 걸쳐 디자인 요소로 사용합니다. 이는 시각적인 흥미를 더하고 브랜드의 혁신적 측면을 강화할 수 있습니다.
5. 사회적 상호작용: 친구가 함께 식사를 하거나 양식화된 말풍선과 같이 사회적 상호작용을 나타내는 이미지 또는 디자인 요소를

통합합니다. 이는 브랜드의 사회적 측면을 강조하고 젊은 도시 고객의 대상 청중에게 어필할 것입니다.

이러한 모티프를 브랜딩에 통합하면 에그 샌드위치 가게인 Eggnite의 신선하고 혁신적이며 사회적인 가치에 공감하는 일관되고 시각적으로 매력적인 아이덴티티를 만들 수 있습니다.

챗GPT에게 브랜드 모티프를 요청했더니, 분위기 설정 때와는 다르게 시각 이미지적인 요소들을 제시해줬다. 게다가 달걀 이미지, 모던 타이포, 신선한 재료를 나타내는 삽화, 말풍선 등 앞서 설정했던 브랜드 아이덴티티와 어울리는 모티프를 추천해 준 것을 볼 수 있다. 이렇게 '에그나이트'의 브랜드 모티프를 얻었다면, 노트에 메모를 잘 해두자.

마찬가지로 선크림 브랜드의 모티프에 대한 답변도 체크해보고 넘어가자.

Sure, based on the information you've provided about your business, here is a suggestion for a brand motif that matches your brand:

Motif:

1. Sun and shield: A motif that incorporates a sun and a shield could work well for your brand. The sun represents

your product's focus on sun protection, while the shield represents strength and protection. This motif can be used in your logo, packaging, and marketing materials to convey the benefits and effectiveness of your product.

2. Active lifestyle: Another motif that could work well for your brand is one that incorporates imagery related to an active lifestyle. This could include symbols related to sports, fitness, or outdoor activities, such as a running shoe, a mountain, or a bicycle. This motif can be used to convey the idea that your product is designed to help men stay active and healthy while protecting their skin.
3. Natural elements: A motif that incorporates natural elements, such as leaves or flowers, could also work well for your brand. This motif can be used to emphasize the use of natural ingredients in your product, as well as your brand's commitment to sustainability and environmental responsibility.

By incorporating one or more of these motifs into your branding strategy, you can create a strong visual identity for your brand that resonates with your target audience and helps communicate your brand's values and message.

번역 결과

물론입니다. 귀하의 비즈니스에 대해 제공하신 정보를 바탕으로 다음은 귀하의 브랜드와 일치하는 브랜드 주제에 대한 제안입니다.

주제:

1. 태양과 방패: 태양과 방패를 포함하는 모티프는 브랜드에 잘 어울릴 수 있습니다. 태양은 태양 보호에 대한 제품의 초점을 나타내고 방패는 강도와 보호를 나타냅니다. 이 모티프는 제품의 이점과 효과를 전달하기 위해 로고, 포장 및 마케팅 자료에 사용할 수 있습니다.
2. 활동적인 라이프스타일: 브랜드에 잘 어울리는 또 다른 주제는 활동적인 라이프스타일과 관련된 이미지를 통합하는 것입니다. 여기에는 운동화, 산 또는 자전거와 같은 스포츠, 피트니스 또는 야외 활동과 관련된 기호가 포함될 수 있습니다. 이 모티프는 제품이 남성의 피부를 보호하면서 활동적이고 건강하게 유지하도록 돕기 위해 설계됐다는 아이디어를 전달하는 데 사용할 수 있습니다.
3. 자연적 요소: 잎이나 꽃과 같은 자연적 요소를 포함하는 모티프도 브랜드에 적합할 수 있습니다. 이 모티프는 귀사 제품의 천연 성분 사용과 지속 가능성 및 환경적 책임에 대한 귀사 브랜드의 약속을 강조하는 데 사용할 수 있습니다.

이러한 모티프 중 하나 이상을 브랜딩 전략에 통합하면 대상 청중의 공감을 얻고 브랜드의 가치와 메시지를 전달하는 데 도움이 되는 브랜드의 강력한 시각적 정체성을 만들 수 있습니다.

챗GPT가 선크림 브랜드 'SUNARMOR'와 잘 어울리는 태양과 방패, 그리고 활동적인 젊은 남성에게 어울리는 아웃도어 이미지와 자연적인 요소를 모티프로 추천해줬다. 에그 샌드위치 브랜드는 오프라인 매장이 있다는 점을 감안해 조금 더 실제로 보여지는 시각적, 이미지적인 모티프로 구성해줬다면 온라인에서만 상품을 판매하는 선크림 브랜드는 제품을 떠올렸을 때 머릿속에서 그릴 수 있는 이미지를 추천해줬다.

이번 장에서는 챗GPT와 함께 브랜드 이름 만들기, 브랜드 키워드 3가지 정하기, 브랜드 분위기 및 모티프 정하기와 같은 브랜딩 요소들을 설정해보았다. 앞으로 브랜드의 시각적 이미지 만들기를 위한 재료들을 준비했다고 생각하면 된다. 준비한 재료가 넉넉히 있으니 우리 책에서 알려주는 레시피대로 맛있는 음식을 만들 일만 남았다.

챗GPT가 던져주는 새로운 아이디어들을 보면서, 브랜드의 대략적인 모습을 상상할 수 있었다. 즐거운 과정이었지만, 아무래도 막연한 느낌이 있었다. 다음 장에서는 브랜딩의 '꽃'이라고 할 수 있는 구체적인 비주얼 아이덴티티를 어떻게 만드는지 알아가는 시간을 가져보자.

CHAPTER 6

브랜드의 비주얼 아이덴티티 디자인하기

지금까지 브랜드 이름, 키워드, 분위기와 모티프를 정립했다. 이 싱싱한 재료들을 눈에 보이는 아이덴티티로 전환할 때이다. 브랜드 컬러, 타이포그래피와 폰트 선택, 그리고 최종 결과물인 로고 제작을 통해서 강력하고 일관된 시각적 아이덴티티를 브랜드에 부여하는 데에 AI를 어떻게 활용할 수 있는지 설명을 해 보려고 한다.

브랜드 컬러 만들기

컬러는 사람들의 기억에 강렬하게 남고 즉각적으로 인식할 수 있는 브랜드 아이덴티티를 만든다. 미국의 컬러 리서치 연구소(ICR)의 연구 결과에 따르면 인간은 상대방이나 환경, 물건 등을 처음 접할 때 처음 90초 안에 잠재적으로 판단을 내리며, 판단의 60~90%를 오직 색에 의존한다고 한다. 소비자에게 일관된 사용자 경험을 주고 브랜드의 콘셉트를 각인하기 위해서는 적합한 컬러를 사용하는 것이 가장 효과적이다. 우리는 AI를 활용해서 타깃 고객들에게 반향을 일으키고, 브랜드 가치를 높일 수 있는 컬러를 보다 쉽고 빠르게 선택해보려고 한다.

심플한데 화려한 색으로 해주세요

컬러에 대한 전문지식이 없다면 자신의 브랜드와 어울리는 색을 찾기는 쉽지 않다. 더군다나 보통은 한 가지 색만을 브랜드 컬러로 쓰지 않는다. 조화롭게 색을 조합하는 것은 평소 컬러감이 정말 뛰어난 사람이 아니라면 힘들다. 자칫하다가는 아주 유치하거나 촌스럽거나 트렌드에 뒤쳐진 결과물이 나올 수가 있다. 제대로 브랜딩을 하려면 전문 디자이너를 고용해서 컬러를 정하는 것이 일반적이다. 하지만 우리는 컬러에 박식한 비서 챗GPT에게 바로 조언을 구할 수 있다. 만능 프롬프트 14를 사용해보자.

만능 프롬프트 14

브랜드 컬러를 [a=조건] [b=개수]개 정해줘.

컬러를 너무 많이 정하게 되면 조잡해질 수 있으니 많아도 2개의 색상으로 조합하는 것을 추천한다. 만약 원하는 컬러 조합이나 느낌이 있다면 '블랙을 포함해서'나 '따뜻한 느낌으로'와 같이 작성해서 [a=조건]에 넣어주면 된다.

브랜드 컬러를 서로 조화가 되는 색으로 2개 정해줘.

번역 결과

Choose two brand colors that harmonize with each other.

For a harmonious and visually appealing color combination that aligns with your Eggnite brand, consider using the following colors:

1. Sunlit Yellow(HEX: #FFC300): This color represents the warmth and brightness of egg yolks, as well as a sense of happiness and energy. It can be used as a primary color to evoke the feeling of freshness and excitement.
2. Warm Gray(HEX: #8A7D7A): This color adds a touch of sophistication and complements the sunlit yellow. It

provides a neutral and modern backdrop, which aligns with the innovative aspect of your brand.

These two colors work well together, as they are both fresh and engaging while providing a nice contrast to each other. This combination can be used in your logo, packaging, store interiors, and other branding materials to create a consistent and visually appealing identity for your egg sandwich shop, Eggnite.

번역 결과

Eggnite 브랜드와 일치하는 조화롭고 시각적으로 매력적인 색상 조합을 위해 다음 색상 사용을 고려하십시오.

1. 선릿 옐로우(HEX: #FFC300): 이 색상은 달걀 노른자의 따뜻함과 밝음, 행복감과 에너지를 나타냅니다. 상큼함과 설렘을 불러일으키는 원색으로 사용할 수 있습니다.
2. 웜 그레이(HEX: #8A7D7A): 이 색상은 세련된 터치를 더하고 햇빛이 비치는 노란색을 보완합니다. 브랜드의 혁신적인 측면과 일치하는 중립적이고 현대적인 배경을 제공합니다.

이 두 가지 색상은 신선하고 매력적인 동시에 서로 멋진 대비를 제공하기 때문에 잘 어울립니다. 이 조합은 로고, 포장, 매장 인테리어 및 기타 브랜딩 자료에 사용되어 에그 샌드위치 가게인 Eggnite의 일관되고 시각적으로 매력적인 아이덴티티를 만들 수 있습니다.

챗GPT는 선릿 옐로우Sunlit Yellow와 웜 그레이Warm Gray라는 2개의 컬러를 합당한 이유와 함께 지정해주었다. 머릿속에서 떠올려 봤을 때는 좋은 컬러 조합인 것 같고 챗GPT가 해준 설명도 납득이 간다. 하지만 컬러는 이렇게 글만으로는 판단할 수가 없다. 컬러는 눈으로 확인하는 것이 가장 정확하다.

컬러 체크하기

컬러를 체크하기 위해서는 각 색의 '컬러 코드'를 알아야 한다. 또 컬러 코드는 로고 제작, 상품 패키지 제작 등 앞으로의 마케팅 과정 모든 곳에 쓸 예정으로 알아두면 좋다. 컬러 코드는 브랜드 컬러가 적용되는 여러 상황을 고려해서 제작해야 한다. 세부적으로는 6자리로 된 웹용 컬러 코드인 HEX, 모니터에서 적용되는 RGB, 인쇄물에 적합한 CMYK 등이 있다. 적용 환경에서 정확한 색을 요구할 때는 별색인 팬톤 컬러값을 작성한다. 각 상황에 맞는 컬러값을 설정하는 것은 다양한 출력 환경에서도 동일한 컬러를 표시하기 위함이다. 예를 들어 웹에 게시되는 로고를 제작할 때 HEX 코드를 사용하면 일관된 로고 컬러를 제시해 브랜드에 일관성을 줄 수 있다.

네이버 검색창에서 '색상 팔레트'를 찾아 HEX 코드를 입력하면 최적화된 RGB와 CMYK값을 자동으로 변환해주니 각 색상에 맞는 코드를 사용하면 된다.

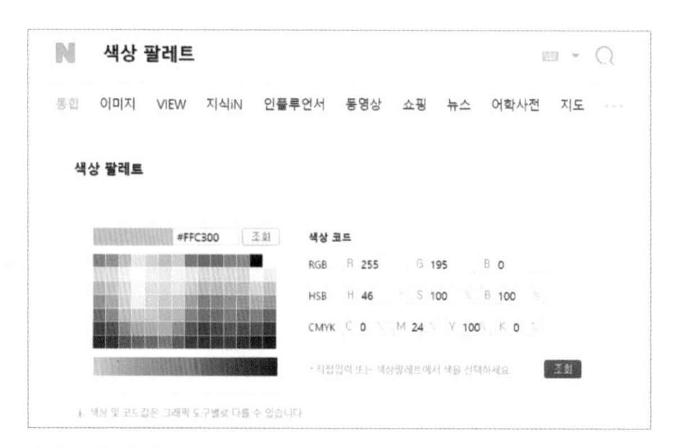

네이버의 '색상 팔레트'

앞선 대답과 같이 챗GPT가 가끔씩 컬러 코드를 포함해서 대답을 해줄 때도 있지만, 아닌 경우도 있다. 만약 챗GPT가 먼저 컬러 코드를 알려주지 않는다면, 추가 질문을 해보자.

만능 프롬프트 15

컬러 코드를 알려줘.

Here are the color codes for the two brand colors you have chosen for your Eggnite brand:

1. Sunlit Yellow(HEX: #FFC300)
2. Warm Gray(HEX: #8A7D7A)

These HEX codes represent the specific shades of yellow and gray that you have selected for your brand. You can use these codes when designing your branding materials to ensure color consistency across different platforms and media.

번역 결과

Eggnite 브랜드에 대해 선택한 두 가지 브랜드 색상의 컬러 코드는 다음과 같습니다.

1. 선릿 옐로우 (HEX: #FFC300)
2. 웜 그레이 (HEX: #8A7D7A)

이 HEX 코드는 브랜드에 대해 선택한 노란색과 회색의 특정 음영을 나타냅니다. 브랜딩 자료를 디자인할 때 이 코드를 사용해 다양한 플랫폼과 미디어에서 색상 일관성을 유지할 수 있습니다.

이 단계에서 만약 챗GPT에게 여러 가지의 컬러를 추천받았거나, 추가 추천을 요청을 한 경우도 있을 것이다. 챗GPT가 어떤 색에 대한 컬러 코드를 묻는 건지 재차 질문을 할 수도 있다. 이 경우에 낭황하시 밀고, 브랜드 이름을 정할 때 했던 것처럼 차근히 풀어나가면 된다. 챗GPT에게 내가 정한 브랜드 컬러를 다시 말해준 후에, 컬러 코드를 질문해보자.

"나는 브랜드 컬러를 Sunlit Yellow와 Warm Gray로 정했어" 라고 질문을 하면 챗GPT가 친절하게 각각의 컬러에 대한 컬러 코드를 알려줄 것이다. 이 컬러 코드를 색상 팔레트에서 확인해 보니 이런 컬러가 나왔다.

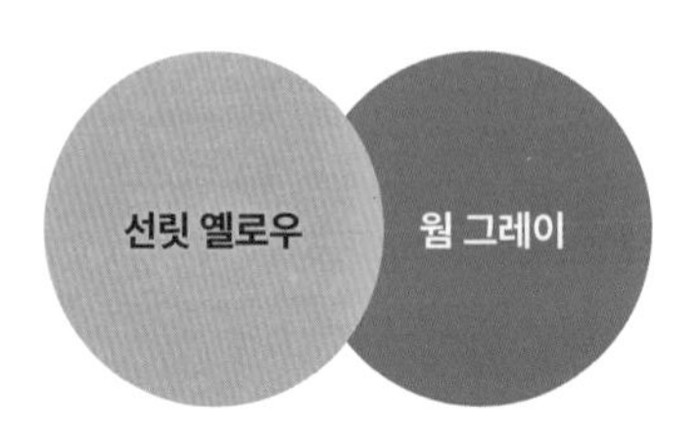

에그 샌드위치 브랜드 '에그나이트'와 잘 어울리는 컬러가 산출됐다. 두 가지 이상의 컬러가 함께 배색되었을 때는 명도, 채도의 관계에 의해서 컬러가 주는 감성이 결정된다. 챗GPT가 추천한 컬러는 앞서 설정한 브랜드 모티프 '달걀 중심 이미지'와 '사회적 상호작용, 친구와 함께 식사를 하는 이미지'와도 잘 어우러진다. 달걀에서 연상되는 선릿 옐로우가 따뜻한 분위기의 웜 그레이와 만나 친근한 느낌을 자아낸다.

챗GPT가 정해준 컬러가 마음에 들면 다음 과정으로 넘어가면 되고, 혹시나 마음에 들지 않는다면 만능 프롬프트 3을 활용해 "다른 [컬러]를 추천해줘"라고 질문해보자. 마음에 드는 컬러가 나올 때까지 이 과정을 반복하면 된다. 그러나 챗GPT가 대화를 통해 함께 정해온 브랜딩 요소들을 기반으로 답을 해주다 보니, 막상 해보면 많은 재질문이 필요 없을 것이다.

TIP 챗GPT에게 추천받은 컬러들을 후에 글 작성에 사용하려면 '어도비 색상 대비 검사기(https://color.adobe.com/ko/create/color-contrast-analyzer)'를 사용해 체크를 해본 후에 명도를 조금 조정해서 사용할 수 있다. 가독성이 확보되어 더욱 전문적인 결과물을 만들 수 있다.

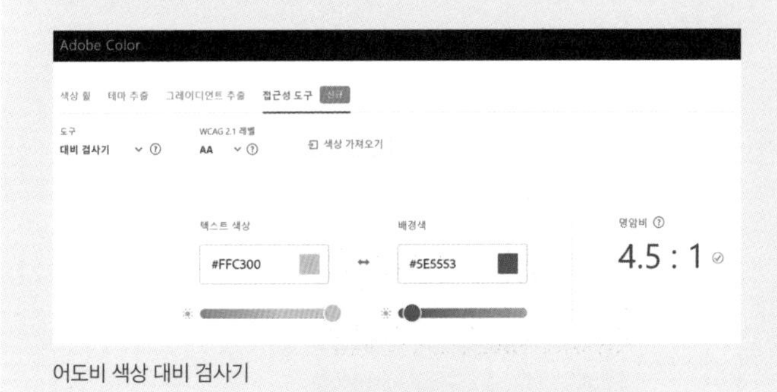

어도비 색상 대비 검사기

사실 브랜드 컬러의 선정은 전문 디자이너의 도움이 많이 필요한 브랜딩 요소이다. 컬러에 대한 전문지식이 없다면 서로 어울리는 배색을 생각해내고 정하기가 쉽지 않다. 그러나 챗GPT와 함께 정하니 전문가 못지않은 퀄리티로 컬러를 선정할 수 있었다.

여기서 실제 에그 샌드위치 브랜딩 사례를 들려주겠다. 필자는 그 당시 디자인 분야의 전문지식이 없었기 때문에 브랜드 컬러를 정하기 위해 전문 디자이너를 고용해야만 했었다. 그렇게 해서 바로 해결이 됐으면 다행이지만, 결국 짧지 않은 시간 동안 여러 번의 회의와 수정 과정을 거쳐서야 브랜드 대표 컬러가 정해졌다. 아래 이미지는 필자가 그 당시 진행했던 브랜드 컬러 정하기 과정 중의 일부이다. 챗GPT가 추천한 컬러와 매우 흡사하다는 사실을 한눈에 알 수 있다.

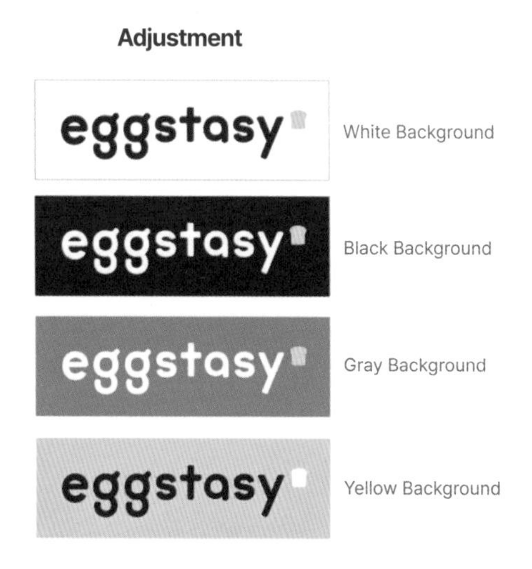

하지만 독자 분들은 이제 필자처럼 비용을 들여 전문 디자이너를 고용하지도, 오랜 시간을 들이지 않아도 된다. 이 모든 것들을 챗GPT가 도와줄 수 있기 때문이다. 이렇게 이번 파트에서는 챗GPT와 함께 브랜드 컬러를 정해보았다. 여기서 정한 컬러 소스들은 앞으로 많은 곳에서 활용될 것이니 잘 챙겨두도록 하자.

타이포그래피와 폰트 정하기

타이포그래피는 우리 브랜드만의 개성과 톤을 전달하는 데 도움을 주기 때문에 브랜드의 시각적 아이덴티티의 또 다른 중요한 측면이다. 챗GPT를 우리 브랜드의 톤앤매너에 맞는 글꼴과 타이포그래피 스타일을 찾는 데 활용할 수 있다. 챗GPT의 추천을 살펴보고 브랜드 고유의 아이덴티티를 가장 잘 나타내는 글꼴을 선택해보자.

로고 타입을 정할 때는 구분해야 하는 전문 용어들이 있다. 우선 로고는 심볼, 로고 타입, 시그니처로 구분한다. 심볼은 그림, 이미지로 구성된 로고 형태를 말한다. 로고 타입은 글자들로 구성된 로고 형태이다. 이미지와 글자가 합쳐진 로고 형태를 시그니처라고 부른다. 앞으로의 타이포그래피와 로고 만들기 과정에서 각각의 전문 용어들을 기억하고 구분해서 사용하도록 하자.

자세히 보아도 똑같고 오래 보아도 똑같다

필자가 에그 샌드위치 카페 브랜딩을 했을 때의 이야기를 다시 해보겠다. 다른 브랜딩 요소들을 모두 정하고 타이포그래피와 폰트를 정할 차례였다. 디자이너는 폰트 시안을 여러 가지 보여줬다. 그런데 이때 난관에 봉착했다. 모든 폰트 시안들이 큰 차이 없이 비슷하게 보였던 것이다. 시안들의 글꼴도 서로 다르고, 같은 글꼴 안에서도 굵기나 생김새가 조금씩 달랐지만 구별이 가지가 않았다. 디자이너가 각각의 차이와 선정 이유에 대해서 설명도 해줬지만 이해가 잘 가지 않는 건 마찬가지였다. 오히려 사소한 차이에 집착을 하게 되면서 시간이 자꾸 흘렀다. 끝내 가장 적합한 폰트를 골라내지 못했고 결국 디자이너가 최종 선택을 했다. 아래는 그 폰트 시안들이다.

어울리는 폰트 물어보기

챗GPT는 브랜드와 어울리는 가장 적합한 폰트를 추천해주기 때문에 이런 곤란함을 덜어줄 수가 있다. 큰돈을 들이는 시행착오를 겪지 말고 챗GPT와 함께 타이포그래피에서 가장 중요한 폰트를 정해보자.

만능 프롬프트 16

구글 폰트에서 무료로 사용할 수 있고, [a=조건] 폰트를 [b=개수]개 추천해줘.

폰트는 저작권 문제 때문에 처음부터 신중한 선택이 필요하다. 조건문에 '구글 폰트에서 무료로 사용할 수 있고'를 붙인 이유가 이것이다. 프롬프트에 요구하는 폰트의 개수를 바꿔서 물어보면 선택의 폭을 더 넓힐 수 있다. 챗GPT의 대답을 들어보자.

구글 폰트에서 무료로 사용할 수 있고, 우리 브랜드의 아이덴티티와 잘 어울리는 폰트를 3개 추천해줘.

번역 결과

Recommend 3 fonts that can be used for free on Google Fonts and that go well with our brand identity.

Here are three free Google Fonts recommendations that would complement your Eggnite brand identity:

… (중략)

All of these fonts are available for free on Google Fonts,

allowing you to easily incorporate them into your branding materials and website.

번역 결과

다음은 Eggnite 브랜드 아이덴티티를 보완할 세 가지 무료 Google 글꼴 권장 사항입니다.

1. Roboto: Roboto는 깨끗하고 기하학적인 외관을 지닌 현대적이고 다재다능한 산세리프 서체입니다. 가독성을 고려해 디자인되어 헤드라인과 본문 텍스트에 적합하므로 다양한 응용 프로그램에 적합합니다.
   링크: https://fonts.google.com/specimen/Roboto
2. Lato: Lato는 전문적이고 친근한 느낌의 휴머니스트 산세리프 서체입니다. 균형이 잘 잡힌 서체와 다양한 굵기 덕분에 헤드라인과 본문 모두에 다용도로 사용할 수 있으며 브랜드의 개성과 색상을 보완합니다.
   링크: https://fonts.google.com/specimen/Lato
3. Montserrat: Montserrat는 현대적이고 대담한 모양의 기하학적 산세리프 서체입니다. 전통적인 사이니지에서 영감을 받은 강력한 서체는 헤드라인과 디스플레이 텍스트에 적합해 브랜드에 신선하고 현대적인 느낌을 줍니다.
   링크: https://fonts.google.com/specimen/Montserrat

이러한 모든 글꼴은 Google 글꼴에서 무료로 사용할 수 있으므로 브랜딩 자료 및 웹사이트에 쉽게 통합할 수 있습니다.

이렇게 우리 브랜드와 어울리는 무료 구글 폰트를 3개 추천해줬다. 우리가 따로 선정 이유를 묻지 않아도 대부분 알아서 설명을 해주지만, 항상 이런 것은 아니다. 만약에 선정 이유가 궁금하다면 만능 프롬프트 17을 활용해서 이유를 물어보면 친절한 답변을 들을 수 있다.

만능 프롬프트 17

이것을 추천한 이유를 설명해줘.

추천해준 폰트 확인하기

챗GPT가 추천해준 폰트들은 모두 구글 폰트(https://fonts.google.com)에 들어가면 확인할 수 있다. 모두 잘 어울리는 폰트이지만 Montserrat가 가장 마음에 들어 선택하려고 한다. 챗GPT의 설명대로 신선하고 현대적인 느낌이 난다. 지금까지 확립한 브랜드 아이덴티티와도 아주 잘 맞는다.

EGGNITE

그런데 여기서 주의해야 할 점이 하나 있다. 바로 폰트의 저작권이다. 챗GPT에게 추천받은 폰트가 마음에 든다고 무작정 사용부터 하다가 나중에 뜻하지 않은 낭패를 볼 수가 있다. 그 이유는 챗GPT가 추천한 폰트가 유료일 수 있기 때문이다. 폰트는 돈을 내고 구입을 해야지만 사용 가능한 유료 폰트와, 무료로 배포되는 무료 폰트로 나뉜다. 무료 폰트 중에서도 용도에 따라서 무료가 아닌 폰트도 있다. 우리는 챗GPT에게 무료로 사용 가능한 폰트를 추천해달라고 했지만 혹시 모르니 재확인을 꼭 해야 한다. 인턴 비서의 실수까지도 우리의 책임이기 때문이다.

브랜딩 과정 중 낭패를 봤던 적이 있다. 예전에 뷰티숍을 새로 개점하면서 브랜딩을 한 일이 있었다. 그 당시에는 지금만큼 폰트 저작권에 대해서 잘 알지 못했다. 그래도 무료 폰트와 유료 폰트 정도는 구분할 수 있다고 생각했지만, '상업적 사용'에 대한 개념을 잘 모른다는 함정이 있었다. 단순히 무료 폰트라고 적혀 있으면 무료일 것이라 생각하고 별 생각 없이 사용을 한 것이다. 그러던 어느 날 청천벽력 같은 연락을 한 통 받았다. 사용하고 있던 폰트 제작 회사에서 연락이 온 것이다. 알고 보니 사용하고 있던 무료 폰트는 상업적 용도로는 사용이 불가능했다. 폰트 제작 회사는 자신들이 만든 폰트를 상업적으로 무단이용했다며 상당한 금액의 합의금을 요구했고, 폰트 사용을 더 이상 하지 말라는 내용을 전달했다. 법적 공방으로 가는 것을 원치 않았기 때문에 어쩔 수 없이 요구한 금액을 지불했고 그 폰트를 사용한 모든 디자인들을 삭제 후에 다시 작업해야만 했다. '상업적 사용'에 대한 개념을 간과한 대가였다.

이런 곤란을 겪지 않으려면 반드시 챗GPT로부터 추천받은 폰트가 상업적 용도로도 사용 가능한 무료 폰트인지 꼭 확인해 보기 바란다. 폰트 구입에 투자를 할 수 있다면 상관이 없지만, 유료 폰트의 가격은 정말이지 천차만별이기 때문이다. 가장 정확한 방법은 폰트와 함께 제공되는 가이드에 기입된 이메일 또는 전화번호를 확인하고 직접 문의하는 것이다. 폰트를 배포한 회사에 꼭 정확한 라이선스를 묻고 사용법을 확인한 후에 사용하자. 저작권에 대해서는 9장에 더 자세한 설명을 풀어놓을 것이니 참고하기 바란다.

폰트, 너로 정했다!

저작권 체크까지 끝났다면 브랜드 이름을 정했을 때와 마찬가지로 챗GPT에게 여러분들이 결정한 폰트를 알려주자. 우리의 인턴 비서는 이 정보들을 바탕으로 다음 대답을 더욱 밀도 있게 해줄 것이다.

고마워. 브랜드 대표 폰트는 Montserrat로 정했어.

번역 결과

Thank You. The brand's representative font is Montserrat.

You're welcome! Montserrat is an excellent choice as the representative font for your Eggnite brand. Its modern and bold appearance will help create a strong visual identity and appeal to your target audience.

Moving forward, be sure to consistently use Montserrat in your branding materials, such as logo, packaging, website, and marketing collateral. This will help establish a cohesive brand image and make your brand easily recognizable to customers.

If you need further assistance or have any other branding-related questions, feel free to ask!

번역 결과

천만에요! Montserrat는 Eggnite 브랜드의 대표 글꼴로 탁월한 선택입니다. 현대적이고 대담한 외관은 강력한 시각적 아이덴티티를 만들고 대상 청중에게 어필하는 데 도움이 됩니다.

앞으로 로고, 포장, 웹사이트 및 마케팅 자료와 같은 브랜딩 자료에 Montserrat를 지속적으로 사용하십시오. 이를 통해 응집력 있는 브랜드 이미지를 구축하고 고객이 브랜드를 쉽게 인지할 수 있습니다.

추가 지원이 필요하거나 브랜드 관련 질문이 있는 경우 언제든지 문의하십시오!

브랜드를 대표하는 폰트를 결정하면서, 가장 큰 산을 넘었다. 이제 시각화 작업의 마지막 과정이자 브랜딩의 꽃이라고 할 수 있는 '로고 만들기'로 넘어가 보자.

이미지 생성형 AI를 활용해서 로고 만들기

여러분이 처음에 브랜딩을 해야겠다고 결심했을 때, 예쁘고 멋진 로고 만들기를 가장 먼저 떠올렸을 것이다. 이제 브랜드의 비주얼 아이덴티티에서 중심이 되는 로고를 만들 차례이다.

많은 비용과 시간이 드는 로고 제작

로고 제작에 들어가기 앞서 실제 사업의 브랜딩 사례를 한 번 더 들어보겠다. 브랜딩에 있어서 로고가 중요하다는 사실은 익히 알고 있었기 때문에, 새로운 사업을 할 때마다 로고 제작에 많은 비용을 들였다. 혼자서는 할 엄두조차 나지 않고, 무엇을 어떻게 해야 할지 감도 안 잡혔기 때문에 항상 디자이너에게 비용을 지불하고 맡겨야 했다. 그렇게 비용을 지불하면서 이번 작업은 샌드위치 몇 개를 팔아야지 메울 수 있는 금액인지 늘 계산했다.

복잡하고 추상적인 의사소통 과정 때문에 로고 작업은 항상 단기간에 끝나지 않았다. 여러 시안들을 확인하고 실험하는 데 시간이 들었다. 디자인 지식도 없고, '느낌'을 전달하기가 쉽지 않다 보니 디자이너와의 의사소통이 원활하지 않았다. 여러 번의 경험을 하면서 로고를 직접 만들고 싶다는 생각을 많이 했다. 독자 분들은 챗GPT와 함께 로고를 만들면서, 많은 비용과 고생을 절감할 수 있을 것이다. 챗GPT와 함께하는 작업은 가성비와 가심비가 모두 충족되기 때문이다.

새로운 친구와 로고 제작하기

로고를 제작할 수 있는 수많은 AI 기반 플랫폼들이 개발되는 중이다. 현재 서비스하고 있는 이미지 생성형 AI들은 대부분 사용 횟수에 제한이 있는 부분 무료이다. 또 외국 회사에서 만들었기 때문에 영어를 주로 지원한다.

각각의 AI들과 플랫폼들마다 장단점이 있는데, 그중에 우리는 '빙'과 '해치풀' 두 가지를 활용해서 로고를 제작해볼 것이다. 브랜딩과 디자인에 대한 전문지식이 없더라도 간편하게 사용이 가능하고, 또 무료이기 때문이다.

에그 샌드위치 브랜딩을 할 당시에 진행했던 로고 작업 시안들

1. 빙을 활용해 로고 만들기

먼저 빙 이미지 크리에이터를 활용해 로고 만드는 법을 다뤄보자. 마이크로소프트의 빙 이미지 크리에이터는 OpenAI의 달리를 기반 엔진으로 하는 이미지 생성형 AI이다. 빙 이미지 크리에이터는 영어와 한글 모두 사용이 가능하다. 하지만 빙은 영어를 기반으로 한 프로그램이어서, 영어로 프롬프트를 입력했을 때 더 나은 결과물이 나온다. 빙은 프롬프트를 입력하면 빠른 시간 안에 깔끔한 결과물들을 생성해준다.

하지만 빙은 아직 이미지에 글자를 정교하게 표현해내지 못한다는 단점이 있다. 프롬프트에 원하는 단어를 넣더라도 철자가 틀려서 출력되거나 깨져서 나오는 일도 잦다. 쉽게 말하면 글자를 그림처럼 인식하고 그려준다. 이런 이유들 때문에 빙 이미지 크리에이터는 이미지 위주의 작업물이 필요할 때 유용하다. 만약 로고에 브랜드 이름을 넣고 싶다면 빙 이미지 크리에이터는 적합하지 않다. 그렇지만 글자만 제외한 로고 심볼은 쉽고 빠르게 만들 수 있기 때문에 빙 이미지 크리에이터를 사용하는 방법을 소개해보려고 한다.

이미 마이크로소프트 회원이라면 바로 로그인을 해보자. 구글 계정으로도 로그인이 가능하다. 둘 다 아니라면 회원가입이 필요하다. 구글에 '빙 이미지 크리에이터'를 검색하거나 URL(https://www.bing.com/create)로 접속해서 로그인하자.

우선 글자를 포함하지 않는 로고 심볼을 만들어보겠다. "글자를 포함하지 말아줘"와 같은 명령어는 제대로 작동을 하지 않기 때문에, 단어들을 잘 조합해 글자가 없는 이미지를 만들도록 유도해야 한다. 빙의 결과물이 글자를 포함하지 않게 하는 마법의 프롬프트를 준비했다. 영어로 입력을 해야 한다고 겁먹을 필요는 없다. 지금 알려주는 만능 프롬프트에 앞 장에서 만들었던 브랜딩 요소들을 그대로 가져와서 끼워 넣기만 하면 된다. 프롬프트를 입력했으면 '만들기' 버튼을 클릭하고 결과물을 기다리자.

만능 프롬프트 18 - 미니멀한 로고 심볼 디자인

Graphic design logo featuring a [1=만들고자 하는 상품], [2=만든 브랜드 컬러], minimalistic.

Graphic design logo featuring a [sun cream], [navy and gold], minimalistic.

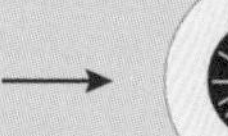

만능 프롬프트 19 - 모티프를 적용한 로고 심볼 디자인

Minimalist clear line logo design concept, [1=만든 브랜드 컬러], [2=만든 브랜드 모티프].

Minimalist clear line logo design concept, [navy and gold], [sun and armor].

만능 프롬프트 20 – 벡터 스타일 로고 디자인

Vector style logo design for a [1=만들고자 하는 상품] named '[2=만든 브랜드 이름]'. [3=만든 브랜드 컬러], keywords for [4=만든 브랜드 키워드 3가지].

Vector style logo design for a [sun cream] named '[SUNARMOR]'. [Navy and gold], keywords for [protection, innovation, confidence].

이런 방법에도 불구하고 산출한 로고 디자인이 마음에 드는데, 브랜드 이름이 깨져서 산출되거나 철자가 틀린 경우에는 지금부터 설명할 AI 해치풀을 쓰는 것을 권한다.

2. 해치풀을 활용해서 로고 만들기

다음은 브랜드 이름이나 특정 글자를 로고에 꼭 넣고 싶은 사람들을 위한 해치풀 활용법이다. 해치풀은 빠르고 단순하게 결과물을 만들 수가 있어서 브랜드 이름이 포함된 로고를 만들고 싶은 사람들에게 적합하다.

'해치풀'은 미국의 쇼핑 플랫폼인 '쇼피파이Shopyfi'에서 만든 영어 기반의 로고 제작 AI 프로그램이지만 구글 자동번역을 이용하면 토종 한국인도 전혀 문제없이 로고를 만들 수 있다. 다음의 내용은 이제까지의 내용에 비해 세세하고 복잡하기 때문에, 번호를 붙여 차근차근 설명하려고 한다.

① **구글 자동번역 기능 활성화 후 로그인:** 우선 구글 자동번역 기능을 켠 상태에서 해치풀의 웹사이트(https://www.shopify.com/tools/logo-maker)에 접속한 후 구글 계정으로 로그인을 하자.

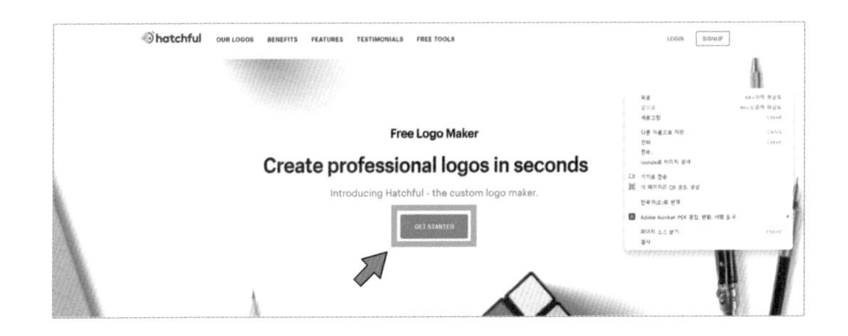

② **시작하기 버튼을 누른 후 상품 종류 선택:** 시작하기 버튼을 누른 후, 비즈니스 공간에서 나의 상품 종류를 선택한다. 에그나이트는 샌드위치 브랜드이므로, 음식과 음료 카테고리를 선택했다.

③ **시각적 스타일 선택:** 원하는 시각적 스타일을 최대 3가지까지 선택한다. 원하는 스타일이 확고하다면 한 개만 선택해도 무방하다. 참고로 자동번역된 단어 '포도 수확'은 빈티지 스타일을 뜻한다.

④ **브랜드 이름과 슬로건 입력:** 브랜드의 이름과 슬로건을 입력한다. 슬로건에는 지금까지 정했던 폰트, 컬러, 키워드를 나열하면 된다.

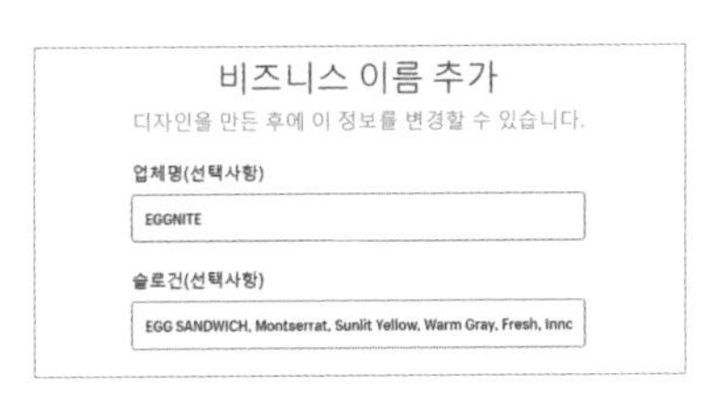

⑤ **로고 사용 용도 선택:** 로고를 사용할 용도를 모두 선택한다. 선택 항목 수에는 제한이 없다.

⑥ **로고 시안 선택:** 입력하고 선택한 내용들을 바탕으로 AI가 로고 시안을 여러 개 만들어줄 것이다. 가장 마음에 드는 것을 선택하자.

⑦ **로고 디자인 확정:** 로고의 글꼴, 색상, 아이콘, 레이아웃을 간단하게 바꿔서 사용해보자. 해치풀에 다양한 색상과 글꼴이 있지만, 우리가 챗GPT와 정했던 것과 정확히 일치하는 것이 없을 수도 있다. 정확한 색상값이나, 글꼴 명을 입력해서 만들어지는 것이 아니기 때문이다. 하지만 다양한 옵션이 있으니 미리 정해놓았던 결괏값과 가장 비슷한 글꼴과 색상을 선택해서 로고를 만들면 된다.

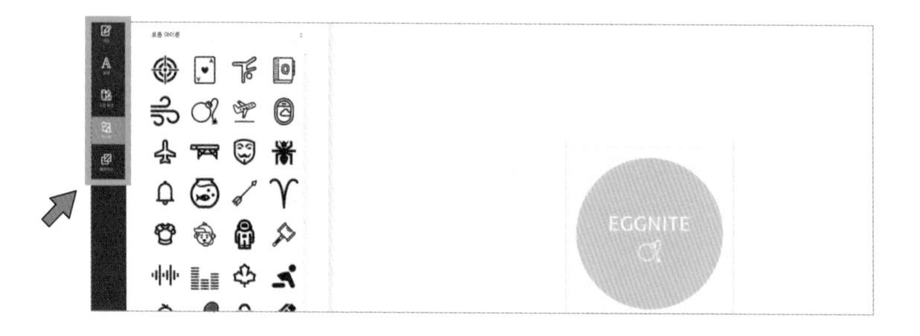

⑧ **로고 저작권 확인:** 로고에도 저작권 문제는 중요하다. 구글 렌즈를 통해서 다른 사람이 이미 사용 중인 이미지가 아닌지 저작권 문제를 확인한다. 구글 렌즈로 확인하고 저작권에 문제가 없다면, 최종 선택한다.

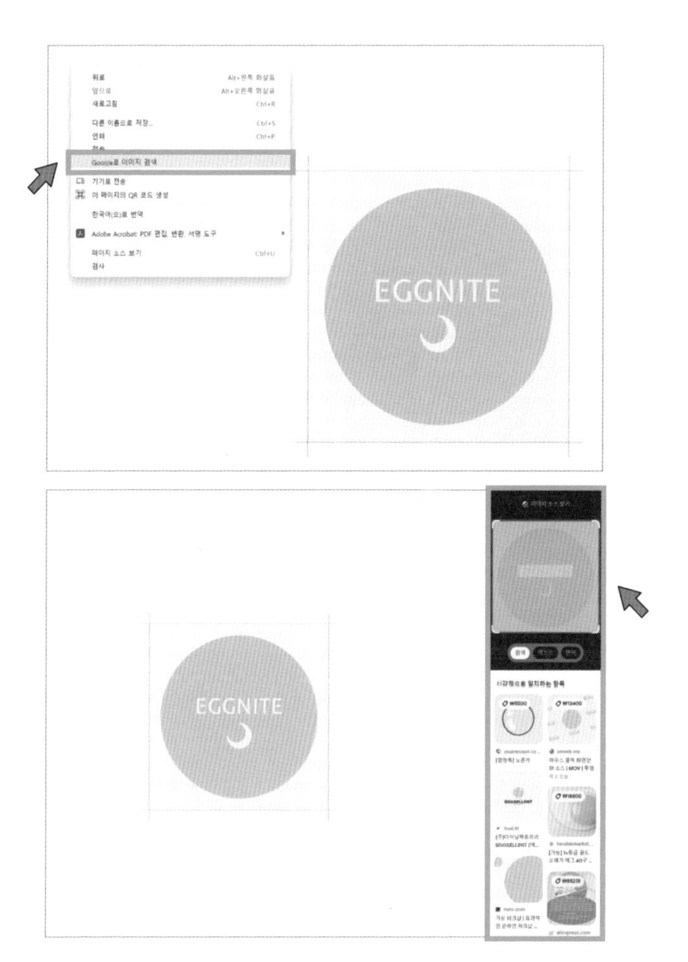

⑨ **다운로드 후 압축 풀기:** 다운로드 버튼을 클릭하면 회원가입 시 입력했던 이메일로 파일을 보내준다. 이렇게 최종 완성된 로고는 다양한 용도로 사용할 수 있게 무료 제공된다. 여러 가지 사이즈와 파일 형식으로 다운로드 받을 수 있다. 이메일에 들어가서 파일 다운로드를 하면, 압축을 풀어서 사용이 가능하다.

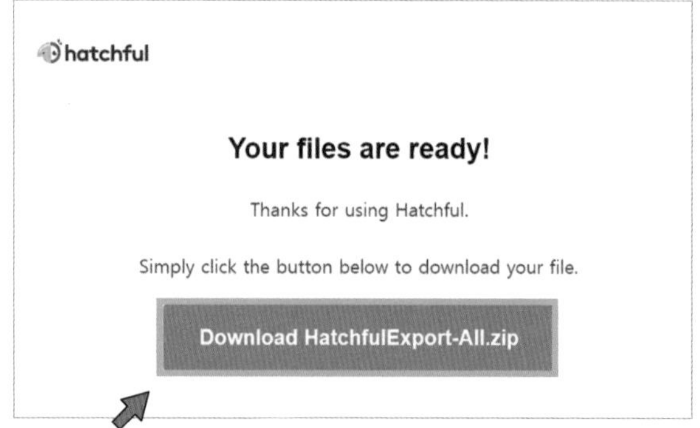

TIP 해치풀은 PNG 형식의 파일만을 제공한다. 온라인 섬네일 이미지로는 문제가 없지만 인쇄물에 사용을 하려면 벡터 형식(AI, EPS, SVG)의 파일이 필요하다. 사이트 ASPOSE(https://products.aspose.com/svg/net/vectorization/#plugin)에서 SVG 형식의 벡터 파일 변환을 무료로 간단하게 할 수 있다. 빙 이미지 크리에이터가 제작해준 로고 파일도 마찬가지로 이 사이트에서 벡터 변환이 가능하다.

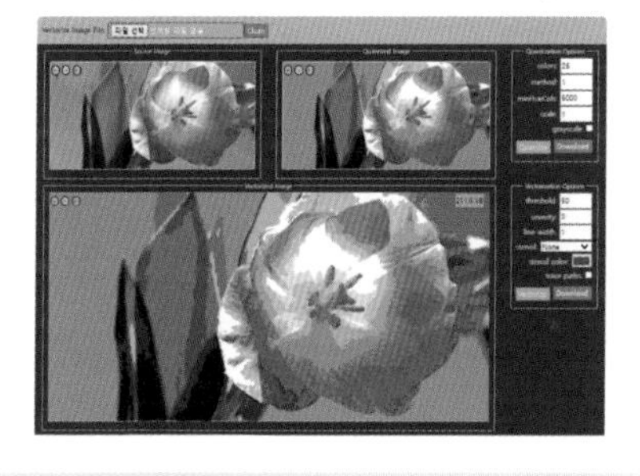

무료로 파일을 벡터 변환할 수 있는 사이트 ASPOSE

최종 완성된 로고는 다음 사진과 같다.

로고까지 모두 제작 후에 디자이너에게 벡터 파일을 주며 수정을 요청하면 정확히 원하는 폰트, 색상으로의 변경 등 다양한 추가 작업이 가능하다. 빙 이미지 크리에

이터가 만들어준 로고 심볼을 건네주며 로고에 브랜드 이름을 추가해달라는 등의 작업도 할 수가 있다. AI가 만들어준 결과물을 바로 사용해도 문제가 없지만 이런 추가 작업을 통해서 보다 높은 퀄리티의 결과물을 만드는 것도 하나의 팁이다. 전문 디자이너에게 로고 제작을 처음부터 맡길 때보다 훨씬 저렴한 비용으로 높은 퀄리티의 결과물을 만들 수 있기 때문에 욕심이 난다면 고려할 만한 옵션이다.

이번 과정을 함께 달려온 선크림 브랜드 'SUNARMOR'의 결과물도 보겠다. 에그 샌드위치 브랜딩과 똑같은 과정을 거쳐서 진행해보았다. 컬러는 네이비와 골드로, 폰트는 Cormorant로 정해졌다. 바로 활용하기에 손색이 없는 훌륭한 로고가 탄생한 것을 볼 수 있다.

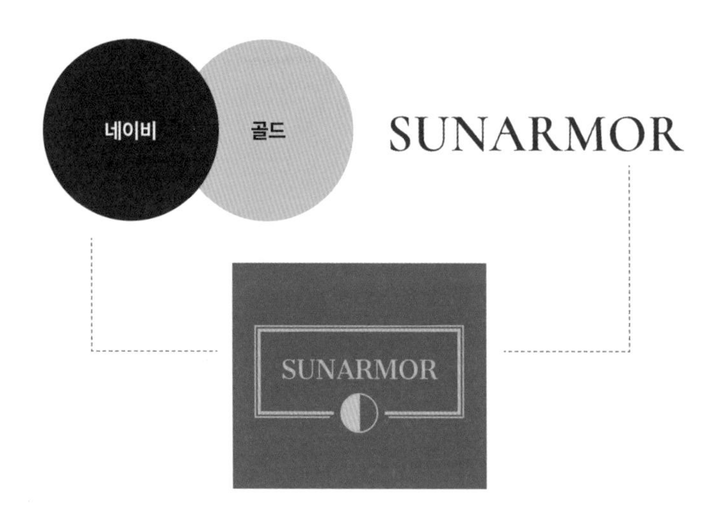

브랜딩 과정을 마치며

이렇게 브랜드 로고 제작까지의 여정이 끝났다. 하지만 AI의 도움을 받아 우리가 만들어낸 것들은 시작에 불과하다. 지속 가능하고 사람들의 기억에 오랫동안 남는 브랜딩을 하려면 일관적이고 꾸준한 노력이 필요하다. 비즈니스의 성장과 시장 변화 추세에 따라서 브랜드의 비주얼 아이덴티티를 유지하고 발전시켜나가야 하는 것이다.

말은 쉬우나, 지금부터가 정말 막막한 과정이 될 수 있다. 다음 7장에서는 이 브랜딩 요소들을 활용해 어떤 마케팅을 할 수 있는지 가벼운 실마리를 드려볼까 한다.

PART 3

AI 브랜딩의 미래와 마케팅

CHAPTER 7

챗GPT와 함께하는 브랜드 마케팅

챗GPT를 통해서 브랜딩의 초석을 닦았다면, 소비자에게 브랜드를 본격적으로 알리는 마케팅 단계를 앞두고 있을 것이다. 이제까지와는 완전히 다른 마케팅이 펼쳐질 미래 시장에서 AI를 어떻게 활용해야 할까? 7장에서는 브랜딩 이후의 과정이 막막할 독자 분들을 위해 AI를 활용한 브랜드 마케팅 방법을 간단히 소개하려고 한다.

AI가 불러올 마케팅 시장의 변화

"Google is done."

영국의 일간 신문 인디펜던트Independent는 "구글은 끝났다"는 기사를 실었다.[4] 2장에서도 언급했듯이, 기존의 광고 시장은 구글링이라고 불리는 검색에 기반해서 이뤄졌다. 사용자의 검색어를 데이터화하고, 사용자들에게 맞춤 광고를 보여주는 SA 광고Search Ads와 웹페이지에 자연스럽게 노출되는 DA 광고Display Ads를 통해 수익을 얻는 방식이었다. 하지만 챗GPT가 등장하면서 사용자가 직접 검색어를 입력하고 원하는 정보를 웹상에서 찾아서 헤매는 '구글링'이 필요 없어졌다. 챗GPT 또는 다른 강력한 챗봇이 등장해 우리가 찾는 정보를 술술 나열하는 시기가 오면 사람들은 더 이상 구글에 검색어를 입력하지 않을 것이다.

시대의 변화에 따라 광고 마케팅의 흐름은 계속 변화해왔다. 2000년대 초중반 스마트폰이 등장하기 전에는 지하철역 앞에서 무료 신문을 나눠줬고, 지하철에 탄 승객들이 모두 신문을 보며 무료함을 달래곤 했었다. 지금은 아무도 신문을 보지 않는다. 신문에 실리던 광고는 인터넷으로 옮겨갔고, 지하철 객차 내에 빼곡하게 들어차 있던 광고판들은 모두 사라졌다. SA 광고와 DA 광고도 지하철의 신문처럼 추억 속으로 사라질 날이 머지않았다.

인공지능이 전문 마케터의 자리를 대체할 것인지가 논쟁의 대상이 되고 있다. 구글은 이용자 성향을 분석해 검색할 정보와 구매할 만한 제품 목록을 미리 제시할 수 있는 대화형 검색엔진

'마기'를 개발 중이라고 밝혔다.[5] 앞으로는 생성형 AI에게 질문을 던졌을 때 답변으로 브랜드명이 언급되어야 한다. 가령 '맛있는 음식점을 추천해줘' 하고 묻는다면 챗봇은 5개에서 10개 내외의 음식점을 언급할 것이고, 순위 안에 들어 있어야만 맛있는 음식점으로 홍보가 될 수 있는 것이다.

게다가 블록체인, 가상화폐, NFT 등이 등장하면서 웹3.0시대가 열렸다. 웹3.0시대에는 사용자들이 올리는 콘텐츠가 곧 수익으로 이어질 것이다. 인스타그램, 페이스북, 유튜브 등의 플랫폼을 통해서 기업과 소비자의 쌍방 소통이 이루어진 웹 환경을 웹2.0이라고 부른다. 웹2.0에서는 사용자들이 콘텐츠를 올리면 기업이 수익을 가져가는 방식이었다. 유튜브에 영상을 찍어 업로드하면 유튜버들은 약간의 광고 수익만을 가져올 뿐 유튜브가 얼마만큼의 광고 수익을 올리는지 알 수 없었다. 웹3.0의 사용자는 다르다. 사용자임과 동시에 챗GPT와 같은 챗봇을 사용해 적은 시간과 노력을 들여 콘텐츠를 생산하고 이를 직접 제공하여 수익을 얻는 생산자가 될 것이다.

AI가 도와주는 마케팅

당장은 변화가 눈에 보이지 않겠지만 광고 시장의 흐름은 바뀔 것이다. 개발되는 AI의 다양화로 인해 거대 플랫폼이 확정되지 않은 불분명한 상황에서 우리 스몰 브랜드들은 어떻게 적응해야 하는지 길을 찾아보는 과정 중에 있다. 시장의 판도가 어떻게 바뀔 것인지 주의 깊게 관찰하고 흐름에 발맞춰 방향을 설계하는 것이 무엇보다 필요하다.

그렇다면 AI를 마케팅에 활용하는 방법에는 어떤 것이 있을까? AI는 브랜딩과 마케팅 과정에서 다양한 방식으로 활용될 수 있으며, 기술의 발전에 따라 더 많은 가능성이 열릴 것이다.

① **실시간 데이터 분석과 시장조사:** AI는 대량의 데이터를 수집하고 분석해 빠르게 트렌드를 파악할 수 있다. 이를 통해 브랜드는 타깃 고객에게 더 효과적인 마케팅 전략을 수립할 수 있다. 또 마케팅 예산의 효율성을 높이고, 광고 캠페인의 성과를 올릴 수 있다.

② **감성 분석:** AI는 소셜 미디어, 온라인 리뷰 등의 텍스트 데이터를 분석해 고객의 감성과 관심사를 파악할 수 있다. 이를 통해서 브랜드는 소비자의 행동 패턴과 선호도를 이해하고, 마케팅 전략을 개선하면서 시장의 변화에 빠르게 대응할 수 있다.

③ **스토리텔링:** AI를 활용해 브랜드 스토리를 더 창의적이고 효과적으로 만들 수 있다. 브랜드의 메시지를 소비자에게 더 강력하게 전달할 수 있다.

④ **개인화된 마케팅:** AI는 사용자 데이터를 분석해 개인화된 광

고 및 콘텐츠를 제공한다. 이를 통해 소비자들에게 더욱 맞춤화된 경험을 제공하며, 고객 만족도와 브랜드 충성도를 높일 수 있다.

이 밖에도 창의적인 콘텐츠 제작, 챗봇을 통한 고객 서비스, 마케팅 자동화를 통한 리소스 최적화 등에 AI를 활용할 수 있다. 데이터 수집과 트렌드 분석이 AI를 활용한 마케팅에서 큰 비중을 차지할 것임은 분명하다. 기존의 마케팅에서 살릴 것은 살리면서, 변화하는 시장에 적응해보도록 하자.

트렌드 분석은 AI에게 맡기자, AI 트렌드 분석 툴

마케팅에서는 트렌드 분석이 필수적이다. AI에게 트렌드 분석을 맡기면 빅데이터를 기반으로 양질의 정보를 얻을 수 있다. 꼭 대기업만이 이런 빅데이터를 활용한 AI 분석 기능을 누릴 수 있는 것은 아니다. 우리도 다양한 AI 트렌드 분석 서비스를 이용할 수 있다. 손쉽게 접근이 가능한 트렌트 분석 사이트들을 소개한다.

1. 썸트렌드

썸트렌드(https://some.co.kr/)는 블로그, 카페, 포털 등 인터넷 커뮤니티에서의 트렌드 정보를 제공한다. 네이버, 다음 등 한국

내 검색엔진이나 포털 사이트의 검색어 순위, 검색량, 이슈 등을 제공한다. 실시간 검색어, 연관 검색어 정보도 제공한다.

2. 판다랭크

판다랭크(https://pandarank.net/)는 웹사이트의 트래픽, 소셜 네트워크 서비스 데이터를 분석해서 상품 판매와 얼마나 연관이 있는지 정보를 제공한다. 키워드 검색, 인기도 추이 등을 확인할 수 있으며, 이 자료들은 콘텐츠 마케팅, SNS 마케팅 등의 온라인 마케팅에 활용할 수 있다.

3. 네이버 데이터랩

네이버 데이터랩(https://datalab.naver.com/)은 네이버 검색어의 검색량, 뉴스와 쇼핑에서의 인기 검색어와 그에 대한 검색 데이터, 온라인 검색의 패턴과 추이 등을 제공한다. 기간, 장르, 연령 등의 검색 조건을 이용해 특정 분야에 대한 검색 트렌드를 살펴볼 수 있다.

4. 구글 트렌드

구글 트렌드(https://trends.google.co.kr/)를 이용하면 검색어의 검색량 수치, 지역 · 언어별 검색량 차이, 검색어와 관련된 주제어, 검색량에 영향을 미치는 급상승 이슈 등을 파악할 수 있다.

비교 분석 기능을 통해 2개 이상의 검색어나, 지역과 언어를 대조해보면서 검색어의 상대적인 인기도를 비교할 수 있다.

글로벌 기업들의 AI 마케팅

세계 각국에 퍼져있는 유수의 글로벌 기업들은 이미 AI를 적극적으로 마케팅에 도입하고 있다. AI를 활용한 마케팅의 예시를 살펴보자.

하인즈

변화하는 시장에 발 빠르게 적응해 스토리를 담은 브랜드가 있다. 바로 '하인즈'이다. 하인즈는 이미지 생성형 AI 달리에게 "케첩을 그려줘Draw Ketchup"라는 프롬프트를 입력하고 얻은 결과물로 '케첩은 하인즈'라는 공식을 증명해냈다. 달리에 '케첩', '케첩아트', '털이 난 케첩', '우주의 케첩' 등과 같은 심플한 프롬프트를 입력해 케첩을 그려달라고 입력했더니, 하인즈 케첩의 상징적인 용기와 라벨, 뚜껑을 포함한 유사 이미지를 생성한 것이다. 하인즈는 이와 같은 막강한 브랜드 스토리를 유튜브 영상으로 제작해서 마케팅에 활용했다.

하인즈는 이외에도 기발하고 다양한 마케팅 전략을 펼치고

AI를 활용해 '케첩은 하인즈'임을 증명한 하인즈의 유튜브 마케팅 영상

출처: 하인즈 유튜브, https://youtu.be/LFmpVy6eGXs

출처: 하인즈 웹사이트

많은 스토리가 담겨져 있는 하인즈의 웹사이트와 인스타그램을 방문해보고 다양한 인사이트를 얻기 바란다.

있다. 고객들이 식당에서 음식을 주문할 때 하인즈 케첩을 요구하자 음식점에서 몰래 하인즈 케첩 용기에 저가의 다른 케첩을 담는 모습이 포착됐다. 하인즈는 이를 마케팅에 활용해 '고객이 원하는 케첩'이라는 스토리를 만들어냈다.

코카콜라

전 세계 200여 국에 500가지 이상의 브랜드 음료를 판매하고 있는 코카콜라는 빅데이터의 중요성을 인지하고 데이터에 기반한 브랜딩 전략을 내세우고 있다. 미국의 경제 잡지 포브스에 따르면, 코카콜라는 1억 9,000만여 명의 페이스북 팬과 288만

7,000여 명의 인스타 팔로워들이 올리는 SNS 게시물 속 사진 · 언어 데이터를 수집하고 있다. 코카콜라는 소비자들이 살고 있는 지역을 기반으로 그들이 코카콜라에 대해 어떤 이야기를 하는지 분석하고 마케팅에 활용한다. 또 자사와 경쟁사 제품의 사진을 AI로 분석해서 알고리즘을 도출하고, 이 자료를 활용한 최선의 광고 방안을 모색하고 있다.[6]

2023년 코카콜라는 이미지 생성형 AI 달리와 챗GPT를 활용해 디지털 아트를 만들 수 있는 '크리에이트 리얼 매직'이라는 콘테스트를 전 세계 아티스트들을 대상으로 개최했다. 코카콜라는 AI를 활용해서 크리에이티브한 회사의 이미지를 보여줌과 동시에, AI 데이터 분석을 통해 탄탄한 마케팅 전략을 구축하고 있다.

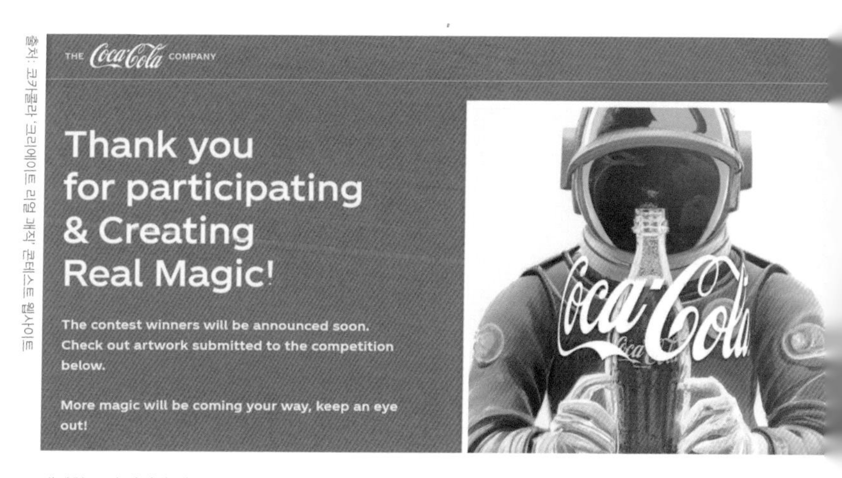

출처: 코카콜라 '크리에이트 리얼 매직' 콘테스트 웹사이트

생성형 AI인 달리와 챗GPT를 활용한 디지털 아트 콘테스트 '크리에이트 리얼 매직'

챗GPT를 활용한 마케팅 전략 수립

마케팅 전략은 브랜드의 성공에 결정적인 역할을 하는 요소 중 하나이다. AI 기반의 도구들이 이 과정을 더욱 효율적이고 경쟁력 있게 만들어주고 있다. 우리 책에서는 AI 중에서도 챗GPT를 활용해 창의적이고 효과적인 마케팅 전략을 수립하는 방법에 대해 설명하려 한다. 챗GPT는 마케팅에서 콘텐츠 생성, 아이디어 발굴, 고객 서비스 개선, 데이터 분석과 최적화 등에 쓰일 수 있다.

챗GPT를 사용하면 글쓰기, 아이디어 생성, 데이터 분석 작업에 소요되는 시간을 크게 줄일 수 있다. 마케팅 팀은 시간을 절감하면서 더 중요한 전략적 업무에 집중할 수가 있다. 또 챗GPT 활용을 통해 외부 자문이나 기타 인건비를 줄이면서 마케팅 예산을 최적화할 수 있으며, 기업의 수익성을 향상시킬 수 있다. 이외에도 다양한 콘텐츠와 아이디어 생성을 통해서 제품과 서비스의 품질을 향상하고, 빅데이터를 기반으로 하는 통찰력 있는 의사 결정으로 시장 변화에 빠른 대응이 가능하다. 쉽게 계산하기 어려운 마케팅 ROI(투자수익률)도 챗GPT로는 금방 구할 수 있다. 구체적인 수치로 마케팅 캠페인의 성과를 평가하고 개선함으로써 지속적으로 최적의 전략을 다듬을 수 있다.

챗GPT와 우리가 함께 만든 선크림 브랜드 SUNARMOR의 마케팅 전략을 수립해보려 한다. 앞의 내용과 마찬가지로 활용이 용이한 프롬프트를 제시하니, 브랜드에 맞게 변형해서 사용해보자. 마케팅 파트에서는 자동번역기의 도움을 받지 않고 바로 한국어를 사용해서 챗GPT에게 말을 걸어보려고 한다.

1. 홍보용 이메일 제목 만들기

데이터베이스가 확보된 기존 고객들에게 홍보 마케팅용 이메일이나 뉴스레터를 정기적으로 보내는 것은 필수 마케팅 요소 중 하나다. 많은 마케터들이 뉴스레터를 보낼 때마다 콘텐츠에 맞는 적절한 제목을 지으려고 많은 에너지와 시간을 소비한다. 챗GPT는 이런 수고를 덜어준다.

만능 프롬프트 21

나는 우리 브랜드의 고객들에게 홍보용 이메일을 보내려고 해. 고객들의 관심을 얻을 수 있는 이메일 제목을 5가지 추천해줘.

고객들의 관심을 끌 수 있는 이메일 제목 5가지를 추천해드리겠습니다:

1. 선아머로 지키는 완벽한 여름: 혁신적인 남성용 자외선 차단제를 만나보세요!" 🌞
2. "남성들의 외출 필수템! 선아머와 함께 건강하고 활기찬 여름을

즐기세요“ 🤭

3. "선아머의 천연성분 자외선 차단제로 걱정 없이 야외활동을 즐기세요!“ 🌿

4. "지금 바로 확인! 선아머로 신뢰할 수 있는 보호와 자신감을 선물하세요“ 🕶

5. "📢 한정 기간! 선아머 남성용 자외선 차단제 특별 할인 이벤트, 놓치지 마세요!“ 🎁

이메일 제목에 이모지를 활용해 시각적으로 강조하고, 제품의 핵심가치와 혜택을 전달할 수 있는 문구를 선택하세요. 특별한 이벤트나 할인 정보를 제공해 고객들이 제품에 관심을 갖도록 유도하는 것이 좋습니다.

챗GPT가 다양한 제목을 추천하면서, '이모지(감정을 표현하기 위해 유니코드의 체계로 만든 그림 문자)'를 활용한 최신 마케팅 트렌드를 함께 제시하는 모습을 볼 수 있다.

2. 아웃바운드 마케팅용 이메일 작성

기존의 고객이 아닌 신규 고객을 유치하려고 아웃바운드 마케팅 이메일을 보낼 때가 있을 것이다. 이럴 때 챗GPT를 활용해 이메일의 전반적인 틀을 짜고 시작한다면 훨씬 수월하게 마케팅 작업을 진행할 수가 있다.

만능 프롬프트 22

우리 브랜드의 잠재 고객들에게 보낼 아웃바운드 홍보 이메일을 만들어줘.

제목: 선아머와 함께 건강한 피부를 지키는 여름 보내세요! 🌞

안녕하세요 [고객 이름],

여름이 다가오고 있습니다. 남성분들에게 건강한 피부를 지켜주는 최고의 솔루션을 찾고 있다면, 선아머를 소개하게 되어 기쁩니다. 선아머는 고품질, 혁신적이며 지속 가능한 자외선 차단제로, 남성들이 활동적인 라이프스타일을 누리며 건강한 피부를 유지할 수 있게 도와줍니다.

왜 선아머인가요?

1. 천연성분: 선아머는 안전한 천연 성분을 사용해 피부에 부담을 주지 않으면서도 탁월한 보호를 제공합니다.
2. 혁신적인 포뮬러: 강력한 방수 기능과 지속성을 제공해 하루 종일 활동을 즐기실 수 있습니다.
3. 건강과 안전을 위한 고품질: 엄격한 제조 기준을 준수하며, 인체에 무해함이 입증된 제품입니다.

특별한 기회를 놓치지 마세요!

지금 선아머를 구매하시면, 첫 구매에서 15% 할인 혜택을 드립니다. 아래의 프로모션 코드를 사용해주세요.

프로모션 코드: SUNARMOR15

이 기회를 놓치지 마세요! 선아머와 함께 여름을 건강하고 즐겁게 보내세요. 방문해 주셔서 감사합니다.

선아머를 선택해 주셔서 감사드립니다. 더 궁금한 점이 있으시다면 언제든지 문의해주세요.

감사합니다,
[회사 이름] 선아머 팀

3. 바이럴 마케팅용 후킹 카피 만들기

바이럴 마케팅에 있어서 가장 중요한 것은 고객의 관심과 흥미를 끄는 것이다. 이를 위해서 많은 요소들이 필요하지만 그중에서도 가장 중요한 것은 단연 후킹 문구 제작이다. 많은 브레인스토밍으로 시간을 많이 쓰는 이 골치 아픈 작업을 챗GPT를 활용해 해결해보자.

만능 프롬프트 23

우리 브랜드에 대한 바이럴 마케팅을 진행하려고 해. 사람들의 관심과 흥미를 끌 수 있는 강력한 후킹 카피라이팅을 5개 만들어줘.

바이럴 마케팅을 위한 강력한 후킹 카피라이팅 5개를 제안해 드리겠습니다:

"남성용 선크림의 혁명: 선아머로 완벽한 보호와 자신감을 되찾으세요!" 🌞
"이것이 바로 진정한 남성용 선크림! 선아머와 함께 거친 여름도 피부 걱정 NO!" 💪
"선아머의 비밀 공개! 건강한 피부를 위한 자연 성분과 최첨단 기술의 만남" 🌿🕶
"선물하세요, 여름의 자유를! 선아머가 남성들의 피부 건강을 지키는 이유" 🎁👍
"#선아머챌린지: 여름 동안 함께 선아머를 사용하고 최고의 순간을 공유하세요!" 📢✨

이러한 후킹 카피를 소셜 미디어, 광고, 블로그 글 등 다양한 채널에서 활용해 사람들의 관심을 끌 수 있습니다. 각 카피에 브랜드의 핵심가치와 혜택을 강조하고, 독창적이며 흥미로운 스토리를 전달해 대중의 이목을 집중시키세요. 또한, 소셜 미디어 챌린지와 같은 참여형 콘텐츠를 제안해 고객들이 브랜드와의 상호작용을 즐길 수 있도록 유도합니다.

4. 타깃 고객 심리 분석하기

제품에 대한 마케팅을 잘하기 위해서는 타깃 고객의 심리를 분석해서 그에 상응하는 전략을 수립하는 것이 중요하다. 이 과정을 위해 많은 인력과 시간을 들이거나 외주업체에 분석을 맡기는 것이 일반적이다. 하지만 챗GPT와 비용을 들이지 않고 이 단계를 해결할 수가 있다.

만능 프롬프트 24

우선, 네가 우리 브랜드의 [a=제품 이름]을 구매하려는 고객이라고 가정을 해줘. 구매자가 겪을 수 있는 보편적인 문제들을 알려줘.

우선, 네가 우리 브랜드의 선크림을 구매하려는 고객이라고 가정을 해줘. 구매자가 겪을 수 있는 보편적인 문제들을 알려줘.

고객으로서 선크림 구매 시 겪을 수 있는 보편적인 문제들은 다음과 같습니다.

1. 피부 자극: 일부 선크림은 화학 성분이 포함되어 있어 피부에 자극을 줄 수 있습니다. 민감한 피부를 가진 고객들은 이러한 제품을 사용하면 불편함을 겪을 수 있습니다.
2. 효과 지속 시간: 일부 선크림은 빠르게 효과가 사라져 자주 바르지 않으면 피부 보호가 미흡할 수 있습니다. 이로 인해 햇빛에 오래 노출될 경우 피부 건강에 문제가 발생할 수 있습니다.

3. 방수 기능 부족: 수영이나 운동 등 습한 환경에서 선크림의 방수 기능이 부족할 경우, 자외선 차단 효과가 크게 감소하게 됩니다.
4. 흡수력 및 사용감: 일부 선크림은 피부에 끈적거리거나 기름진 느낌이 남아 사용감이 좋지 않을 수 있습니다. 이러한 제품은 사용자의 만족도를 저하시키고 재구매를 망설이게 만듭니다.
5. 백탁 현상: 일부 선크림은 피부에 하얗게 머무르는 현상이 있어, 외관상 이질감을 줄 수 있습니다. 이로 인해 선크림 사용에 거부감을 느끼는 고객이 있을 수 있습니다.
6. 인체 및 환경 친화적 성분: 화학 성분이 함유된 선크림은 사용자의 피부뿐만 아니라 환경에도 영향을 줄 수 있습니다. 친환경적이고 안전한 성분을 찾는 고객들에게 이러한 제품은 부적합합니다.
7. 제품 가격: 높은 품질의 선크림은 가격이 비싸서 일부 고객들이 구매를 망설일 수 있습니다. 가격 대비 만족도가 높은 제품을 찾는 것이 중요합니다.

5. 경쟁업체와의 비교 차트 만들기

마케팅을 하기 위해서는 우리 브랜드에 대한 분석과 연구뿐만이 아니라 경쟁업체에 대한 분석도 중요하다. 손자병법의 '지피지기면 백전백승'이라는 말처럼 적을 알고 나를 알면 승산을 높일 수가 있다. 챗GPT는 차트나 표를 만들어주는 기능도 있기 때문에 여러 업체와의 비교를 위해 차트로 결과물을 달라고 요청하면 된다.

만능 프롬프트 25

우리 브랜드와 [a=비교를 원하는 실제 주요 경쟁 브랜드들] 간의 제품 비교 차트를 만들어줘.

6. 마케팅 채널 정하기

우리는 한정된 예산을 가지고 마케팅을 집행해야 하기 때문에 우리 브랜드에 가장 적합한 채널을 찾아서 효율을 최대화해야만 한다. 적합한 채널을 찾기 위해서는 많은 자료 조사와 현장 조사가 필요하다. 본격적인 조사에 들어가기 전에 챗GPT의 방대한 정보를 활용해서 조사와 선정의 효율을 높여보자.

만능 프롬프트 26

우리 브랜드에 가장 효율적인 마케팅 채널에 대해서 알려줘.

우리 브랜드인 선아머에 대한 가장 효율적인 마케팅 채널을 선택하기 위해서는 타깃 고객층과 그들의 선호도를 고려해야 합니다. 남성을 위한 선크림을 판매하는 것을 고려하면, 다음의 마케팅 채널들이 효율적일 것입니다:

1. 소셜 미디어 광고: 남성을 대상으로 하는 소셜 미디어 플랫폼(예: Instagram, Facebook, Twitter)에서 광고를 통해 브랜드 인

지도를 높이고 제품에 대한 관심을 유도할 수 있습니다.

2. 인플루언서 마케팅: 남성 패션, 건강, 라이프스타일 등과 관련된 인플루언서들과 협업해 제품을 홍보하고, 타깃 고객층에게 브랜드 인지도를 높일 수 있습니다.
3. 유튜브 광고 및 협업: 남성 관련 콘텐츠를 제공하는 유튜브 채널과 협업하거나 광고를 통해 브랜드의 가시성을 높일 수 있습니다.
4. 구글 검색 광고: 구글 검색 광고를 통해 관련 키워드를 검색하는 고객들에게 선아머 제품을 소개할 수 있습니다.
5. 이메일 마케팅: 고객 데이터베이스를 구축하고, 이메일 뉴스레터를 통해 제품 소식, 할인 정보, 특별 이벤트 등을 전달해 고객의 재구매를 유도하고 브랜드 충성도를 높일 수 있습니다.
6. 마케팅 채널을 선택할 때는 타깃 고객의 관심사, 미디어 소비 패턴 등을 고려해 가장 적합한 채널을 선택하는 것이 중요합니다. 실험을 통해 각 채널의 효율성을 평가하고 최적의 마케팅 전략을 수립할 수 있습니다.

7. ROI 계산하기

ROIReturn on Investment(투자수익률)는 마케팅 캠페인의 성공 여부를 측정하는 지표이다. ROI 계산은 효율성 측정, 예산 분배, 결정 근거 마련, 성과 개선, 그리고 목표 설정 등 여러 면에서 중요한 역할을 한다. ROI를 계산하면 투자한 비용에 대한 수익률을 쉽게 파악할 수 있다. 이를 통해 기업은 효율적으로 마케팅 전략을 수립하고 지속적으로 개선할 수 있으며, 높은 수익률을 달성할 수 있다. 수익률에 있어서 중요한 ROI 계산 작업을 챗GPT와 하면 손쉽고 빠르게 할 수가 있다.

만능 프롬프트 27

우리 브랜드는 [a=마케팅 진행 연도]에 [b=광고 캠페인 종류]를 [c=집행 금액]원 진행하려 하고, 캠페인으로 인해 생기는 예상 기여 마진은 [d=예상 기여 마진]원으로 예상하고 있어. 이 때 단계별 과정을 통해 마케팅 투자 수익률을 계산해줘.

우리 브랜드는 [a=2023년]에 [b=구글 검색 광고 캠페인]을 [c=2,000,000]원 진행하려 하고, 캠페인으로 인해 생기는 예상 기여 마진은 [d=10,000,000]원으로 예상하고 있어. 이 때 단계별 과정을 통해 마케팅 투자 수익률을 계산해줘.

마케팅 투자 수익률(ROI)을 계산하기 위해서는 다음 공식을 사용합니다.

ROI = (마진 - 마케팅 비용) / 마케팅 비용

여기서 예상 기여 마진은 10,000,000원이고, 마케팅 비용은 2,000,000원입니다.

예상 기여 마진에서 마케팅 비용을 뺍니다.
10,000,000원 - 2,000,000원 = 8,000,000원

얻은 값을 마케팅 비용으로 나눕니다.
8,000,000원 / 2,000,000원 = 4

결과를 백분율로 변환합니다.
4 * 100 = 400%

따라서 이 구글 검색 광고 캠페인의 예상 마케팅 투자 수익률은 400%입니다. 이는 광고 캠페인에 투자한 2,000,000원이 10,000,000원의 기여 마진을 생성하며, 마케팅 비용에 대해 4배의 수익이 발생함을 의미합니다.

7장에서는 AI를 활용한 다양한 마케팅 전략 수립에 대해 알아봤다. 앞에서 다룬 선크림 브랜드 SUNARMOR의 예시처럼, 챗GPT를 활용하면 기업의 마케팅 전략을 한 단계 업그레이드할 수 있다. 이 내용을 통해 여러분이 챗GPT를 활용한 마케팅 전략을 이해하고 적용할 수 있기를 바란다. AI를 똑똑하게 활용한다면 오늘날 급변하는 시장 환경에서 브랜드에 경쟁력 있는 미래가 열릴 것이다.

CHAPTER 8

AI로 만들 수 있는 콘텐츠들

이제 브랜딩의 기본 요소들은 모두 완성했다. 브랜딩을 요리라고 가정한다면 지금까지의 과정들을 거치면서 현재 여러분 손에는 수많은 식재료들이 쥐어져 있을 것이다. 이 신선한 재료들을 활용해서 다양한 요리를 만들기만 하면 된다. 물론 초보자들을 위한 레시피를 이제부터 소개할 예정이니, 만드는 과정은 걱정하지 않아도 된다. 지금부터 여러분의 재료들로 만들 수 있는 수많은 요리 중에 대표적인 몇 가지를 알려주겠다. 함께 브랜딩 여정을 달려온 선크림 브랜드 'SUNARMOR'가 레시피의 주인공으로 활약해줄 것이다.

카피라이팅

카피라이팅이란 '광고 텍스트를 쓰는 모든 행동'을 의미하며, 홍보와 마케팅에 있어서 가장 중요한 요소 중 하나이다. 요새는 카피라이팅의 중요성이 더욱더 부각되고 있다. 카피라이팅이 상품의 판매를 좌지우지한다고 해도 과언이 아니다. 카피라이팅을 하기 위해서는 디자인과 마찬가지로 수많은 고뇌를 해야 했었다. 그런데 이제 그 힘든 일을 AI와 함께할 수 있게 됐다. 앞으로는 브랜딩에 이어 마케팅에까지 AI 활용이 크게 확장될 것이다. AI와 함께라면 경쟁에서 '지배자'가 될 수 있다.

현재 시중에는 카피라이팅을 해주는 AI 기반 플랫폼이 많이 나와 있는 상태이며, 그 수가 계속 늘고 있다. 그 플랫폼으로는 챗GPT, 뤼튼wrtn, 타입잇typeit, 아이작ISAC-AI, 노션Notion 등이 있다. 이들은 대부분 부분적으로 무료이고, 모두 한글로 사용할 수 있는 서비스들이다. 우리 책에서는 현재 가장 많은 사람들이 애용하면서 폭발적으로 영역을 확장하고 있는 뤼튼을 다뤄보겠다.

뤼튼

뤼튼은 한국에서 만든 플랫폼이기 때문에 모든 것이 한국어로 되어 있다. 자체 회원가입도 가능하고 네이버, 카카오톡, 구글 계정을 이용한 로그인도 가능하다. 뤼튼은 현재 부분 무료이다. 더욱 다양한 옵션을 생성하고 일일 이용 개수 제한을 없애려면 유료 결제를 해야 한다. 하지만 우리가 쓰는 기능은 무료인 상태로 충분하다.

뤼튼에는 카피라이팅 외에도 상세페이지에 들어갈 내용 제작, 유튜브 영상 제목 생성, 블로그 포스팅 생성, 인스타그램 피드 문구 생성 등 수많은 기능들이 있다. 필요한 것이 있다면 용도에 맞게 골라서 만들면 된다. 구글에 '뤼튼'을 검색하거나 URL(https://wrtn.ai)로 접속해보자.

쉽고 똑똑한 올인원 AI플랫폼
wrtn
1 한국에 최적화된 결과물을 받아보세요
2 다양한 생성 AI 모델을 가장 쉽게 경험하세요.
3 내 상황에 맞는 툴을 추천 받아보세요.

인공지능 글쓰기 서비스 wrtn

1. 카피라이팅을 위한 키워드 입력

로그인을 했으면 카테고리에서 카피라이팅을 선택하거나, AI

뤼튼에게 '카피라이팅을 하고 싶다'라고 말을 걸어 카피라이팅 항목으로 들어가자. 카피라이팅 항목에 들어가면 '제품/브랜드 이름'과 '핵심 내용'을 입력하는 칸 그리고 '톤앤매너'를 선택하는 항목이 나온다.

제품명과 브랜드 이름에 여태 만든 결과물을 입력한다. 핵심 내용에는 여러분이 챗GPT와 함께 정한 브랜딩 요소들(브랜드 키워드 3가지, 톤앤매너, 분위기와 모티프 등)을 입력하면 된다. 톤앤매너도 원하는 것으로 선택한 후에 '다음' 버튼을 클릭하면 다양한 결과가 나온다.

2. 최종 결정

무료 버전에서는 결과를 하나씩 보여주며, '다시 생성' 버튼을 누르면 다른 결과물들을 볼 수 있다. '다시 생성' 버튼을 눌러서 새로운 결과물을 얻었어도 그전의 결과물들은 남아 있으니 여러 가지를 본 후에 선택을 하면 된다. 또는 전 화면으로 돌아가서 '핵심 내용'을 적는 부분에 다른 내용을 넣으면 다른 결과물들이 나오니, 조금씩 바꿔서 시도하는 것도 하나의 방법이다. 선택한 톤앤매너에 따라서도 결과물이 다르게 나온다. 여러 시도를 해본 후에 브랜드에 어울리는 것을 선택하면 된다.

레

제품 / 브랜드 이름
선크림/SUNARMOR
핵심 내용
보호, 혁신, 자신감, 활동성, 자연, 남성용 선크림
톤앤 매너
과장

범용 카피라이팅 Powered by CLOVA

남자들만 아는 고민을 해결해주는 다재다능 SUNARMOR와 함께 올 여름 가장 빛나는 피부미남 되세요.

범용 카피라이팅 Powered by CLOVA

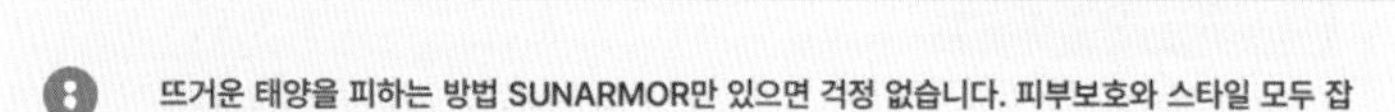

뜨거운 태양을 피하는 방법 SUNARMOR만 있으면 걱정 없습니다. 피부보호와 스타일 모두 잡은 남자들의 필수 아이템입니다.

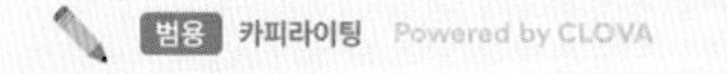

범용 카피라이팅 Powered by CLOVA

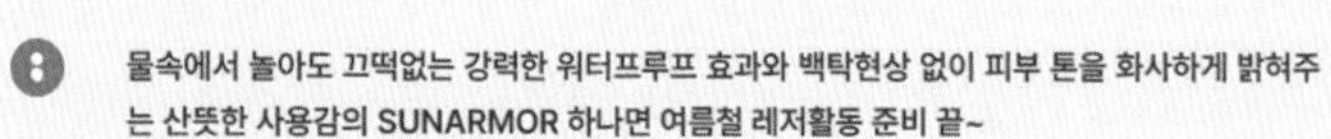

물속에서 놀아도 끄떡없는 강력한 워터프루프 효과와 백탁현상 없이 피부 톤을 화사하게 밝혀주는 산뜻한 사용감의 SUNARMOR 하나면 여름철 레저활동 준비 끝~

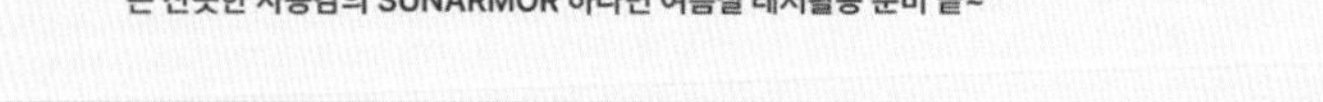

범용 카피라이팅 Powered by CLOVA

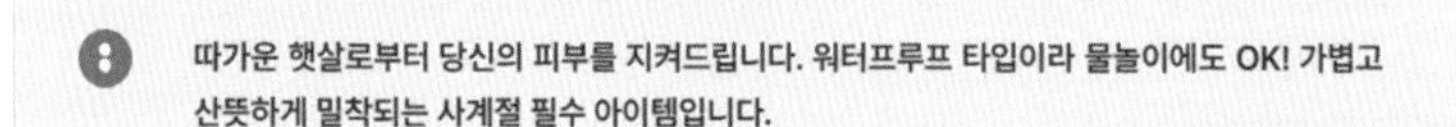

따가운 햇살로부터 당신의 피부를 지켜드립니다. 워터프루프 타입이라 물놀이에도 OK! 가볍고 산뜻하게 밀착되는 사계절 필수 아이템입니다.

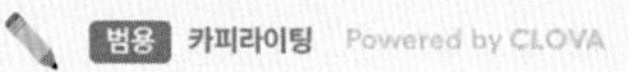

범용 카피라이팅 Powered by CLOVA

상세페이지

상세페이지란 나의 상품을 온라인에서 판매하기 위해서 설명하는 일종의 '상품 설명서'이다. 이 설명서를 어떻게 고객에게 보여줄 것인지가 판매의 핵심이라고 할 수 있다. 상세페이지 작업도 카피라이팅과 마찬가지로 내용을 구성할 문구들을 생각하고 디자인하는 데 많은 시간과 노력이 들지만, AI와 디자인 플랫폼을 활용하면 부담을 덜 수 있다.

아직까지는 상세페이지를 A부터 Z까지 원스텝으로 모두 제작하는 AI가 출시되지 않았다. 하지만 템플릿을 이용해 상세페이지 디자인을 간편하게 할 수 있는 플랫폼을 활용하면, 우리가 지금까지 만든 재료들을 활용해 손쉽게 제작할 수 있다. 대표적인 상세페이지 디자인 플랫폼에는 미리캔버스, 캔바, 망고보드 등이 있다. 이 중에서 가장 많은 사람들이 사용하는 미리캔버스의 활용법을 다뤄보려고 한다.

미리캔버스

미리캔버스도 한국에서 개발한 프로그램으로, 한국어가 기본 언어이다. 네이버, 카카오, 구글, 페이스북, 웨일 계정을 통한 로그인은 물론 서비스 내의 자체 회원가입도 가능하다. 구글에 '미리캔버스'를 검색하거나 URL(https://www.miricanvas.com)로 접속해보자.

1. 템플릿 고르기

로그인을 했으면 상세페이지 제작에 사용할 템플릿을 고를 차례이다. '템플릿 보러가기'를 클릭한 후에 '타입 별로 보기'에서 '상세페이지'를 선택한다. 상세페이지 템플릿들 중에서 나의 상품과 어울리는 템플릿을 고르면 된다. 모든 템플릿이 무료는 아니지만, 무료 템플릿 중에도 좋은 디자인이 많으니 고려해서 고르자.

미리캔버스의 다양한 상세페이지 템플릿

2. 뤼튼을 사용해서 상세페이지에 들어갈 문구 만들기

원하는 템플릿을 골랐다면 디자인에 들어가기 앞서 상세페이지에 들어갈 내용을 만들어보자. 상세페이지에 들어갈 내용은 카피라이팅 제작을 할 때 사용했던 '뤼튼'을 활용해서 만들 수 있다.

뤼튼에 접속해서 상세페이지에 들어갈 카피 작성을 요청해보자. 카피라이팅을 만들었던 뤼튼의 채팅으로 들어가서 질문을 하면 기존 정보들을 바탕으로 상세페이지에 들어갈 내용을 생성한다. 뤼튼이 만들어준 상세페이지 내용을 각자의 제품에 맞게 수정해서 활용하자.

제품 이름: SUNARMOR 남성용 선크림

소개:
SUNARMOR 남성용 선크림은 견디기 힘든 자외선으로부터 피부를 보호하고, 혁신적인 보호 기능을 제공합니다. 여기에 경량화 및 피부 특성에 맞춘 성분으로 끈적임이 없어 하루 종일 편안한 사용감을 제공합니다. 일상에서의 피부 보호와 활동성을 겸비한 센서티브한 남성들을 위한 선크림입니다.

제품 특징:

고용량 자외선 차단 지수: SPF 50+ / PA++++

경량한 마무리감으로 무거운 느낌 없이 사용 가능

순하고 자연스러운 사용감으로 부드럽게 발리는 제품

자연 유래 성분 사용으로 피부에 안전한 제품

남성의 피부 특성을 고려한 맞춤형 제품

사용 방법:

물을 먼저 닦지 않고 손가락에 제품을 덜어서 얼굴에 발라봅니다.

노출된 부위에 적당량을 흡수시키며 발라주십시오.

외출 전 15-20분, 일교차가 큰 날씨의 경우 다시 한 번 더 발라주십시오.

용량: 50ml

제조사: SUNARMOR

주의 사항:

피부 트러블이나 특이한 반응이 생기면 즉시 사용을 중단하고 전문가와 상의하세요.

상처나 트러블이 있는 부위에는 사용하지 마세요.

보관 시 직사광선을 피하고 서늘 한 장소에 보관해주세요.

구매 정보:

온라인 쇼핑몰: [* 링크 첨부 예정 *]

상품 가격: YYYY 원

배송 정보: 국내외 배송 가능 (배송비 별도)

고객 문의: info@sunarmor.com

SUNARMOR 남성용 선크림으로 외부 환경에 대한 걱정 없이 자신감을 되찾아 보세요!

범용 카피라이팅 Powered by CLOVA

3. 자료 불러오기

먼저 준비한 로고 파일과 상품 사진 등 상세페이지에 넣고 싶은 이미지 파일을 모두 끌어다가 미리캔버스로 가져오자. 업로드가 가능한 파일 양식은 이미지는 JPG, PNG, SVG, GIF이고 동영상은 MP4, 음악은 MP3, M4A 이다.

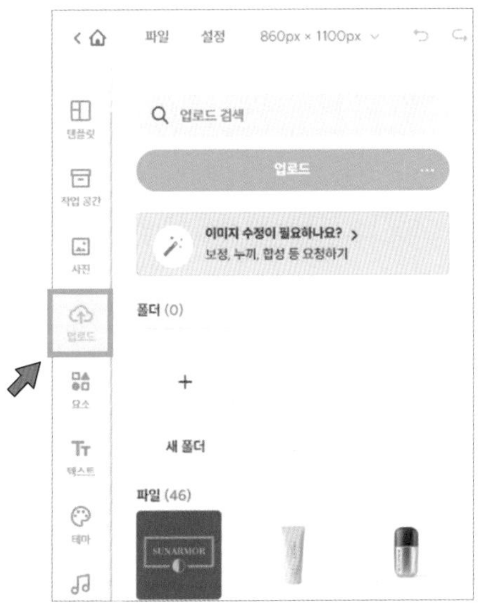

미리캔버스에 업로드 된 사진 자료

4. 나만의 디자인하기

상세페이지에 넣을 문구를 뤼튼에서 만들고, 사용할 이미지들을 모두 미리캔버스에 불러왔으면 '1. 템플릿 고르기'에서 정했던 템플릿에 끼워 넣어준다. 컬러, 폰트, 배경 등 기존 템플릿에서 바꾸고 싶은 것들이 있으면 간단한 클릭 몇 번으로 교체할 수 있다. 챗GPT와 함께 정한 컬러 코드를 활용해 색을 바꾸는 것도 가능하다. 원하는 디자인으로 꾸며보자.

5. 저장 후 사용하기

마음에 들게 편집을 마쳤다면 다운로드해서 사용하면 된다. 다운로드는 JPG, PNG, PDF, PPT 형식으로 가능하다. 또 미리캔버스는 완성된 작업물을 바로 배너, 현수막, 스티커 등으로 만들 수 있게 해놓아서 원하는 인쇄물이 있다면 비용을 지불하고 신청할 수 있다.

아래의 이미지들은 미리캔버스로 편집을 완료한 광고 인쇄물들이다. 뤼튼과 함께 만든 상세페이지용 문구와 상품이미지, 해치풀과 만든 로고를 넣어주었다. 선정했던 브랜드 컬러를 주로 사용했고, 타이포그래피나 전반적인 분위기를 챗GPT와 함께 만든 브랜딩 요소들을 바탕으로 구성했다. 이렇게 일관성 있는 톤앤매너를 유지하면서도 다양한 마케팅용 작업물을 만들 수 있다.

상품이미지

이미지 생성형 AI들은 기획한 제품을 실제로 제작하기 전, 시제품을 작업하는 과정에 큰 도움을 준다. 이미지 생성형 AI를 활용하면 큰 비용과 시간을 들이지 않고 여러 가지 아이디어를 적용한 견본을 볼 수 있다. 많은 테스트를 해볼수록 제품의 완성도는 올라간다. 우리 책에서는 그중에 달리를 기반으로 만든 빙의 이미지 크리에이터를 활용해 상품 이미지를 제작해보겠다.

1. 프롬프트 입력

만능 프롬프트 28을 활용해서 빙에게 선크림 케이스 디자인 시안을 받아보았다.

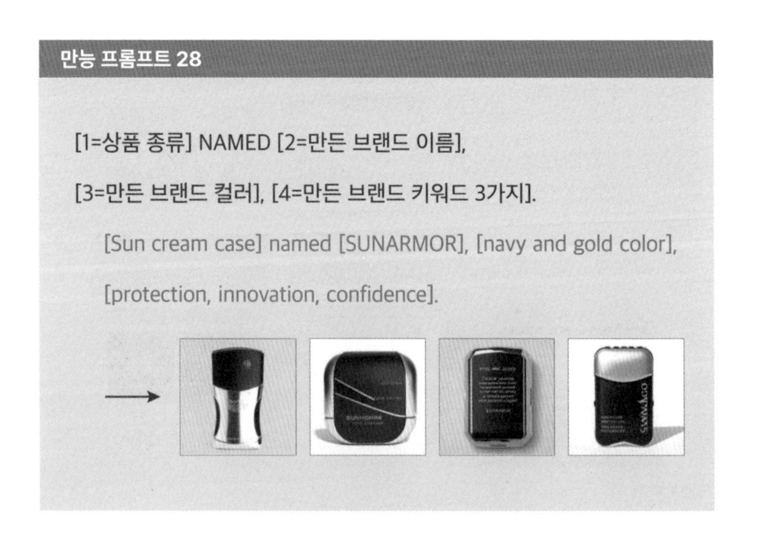

만능 프롬프트 28

[1=상품 종류] NAMED [2=만든 브랜드 이름], [3=만든 브랜드 컬러], [4=만든 브랜드 키워드 3가지].

[Sun cream case] named [SUNARMOR], [navy and gold color], [protection, innovation, confidence].

2. 이미지 저장하기

원하는 작업물이 나왔다면 이미지를 클릭해 다운로드 버튼을 누르자. 간편하게 공유와 다운로드를 할 수가 있다. 이렇게 만든 작업물은 로고에 사용해도 좋고, 상세페이지에 들어갈 이미지로 활용해도 좋다.

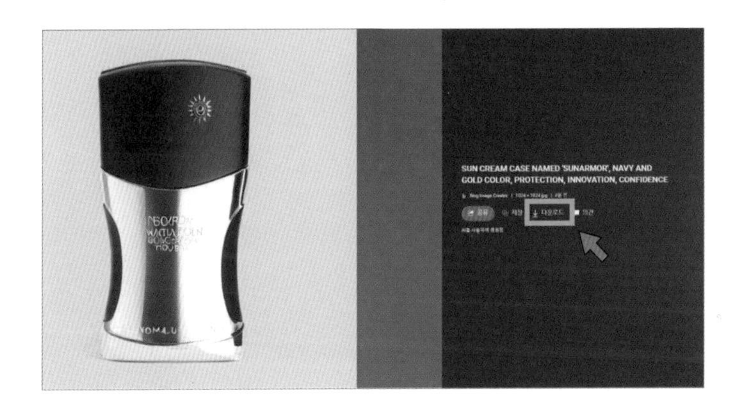

3. 다양한 아이디어 시각화하기

이미지 생성형 AI로 상품 이미지뿐 아니라 그래픽 로고 시안, 컬러 조합 등 다양한 요소들을 시각화해서 체크할 수가 있다. 대표적으로 시각화 가능한 요소의 프롬프트를 만들어봤으니, 다양하게 활용해보기 바란다.

7장에서는 AI로 만들 수 있는 다양한 콘텐츠들을 알아봤다. 도입 부분에서 말했듯이 여러분은 이미 수많은 재료들을 쥐고 있다. 이번 장에서 소개한 것들 외에도 이 책에서 함께 만든 브랜딩 요소들로 만들 수 있는 콘텐츠들은 무궁무진하다. AI 비서들의 도움을 받아 재료들을 잘 가공해 활용해보기를 바란다.

인스타그램 계정 이름 정하기

최근 많은 사람들이 전통적인 직장 생활을 벗어나 N잡러(여러 개의 직업을 가진 사람)가 되고 있다. 개인의 성공을 위해 자기계발과 자기 경영의 중요성이 강조되면서, 퍼스널 브랜딩Personal Branding에 대한 관심이 점점 더 뜨겁다. 퍼스널 브랜딩이란 개인의 역량, 가치, 전문성을 홍보하고 시장에서 눈에 띄게 인식되도록 자신을 관리하는 과정이다. 이는 개인이 경쟁력을 강화하고, 목표를 달성하기 위해 일관된 이미지와 메시지를 전달하는 것을 의미한다. 즉, 제품이나 사업체에 적용시키는 브랜딩 요소들을 사람인 '나 자신'에게 적용시킨다는 이야기이다.

소셜 미디어의 급성장은 개인들의 퍼스널 브랜딩 활동을 촉진시켰다. 페이스북, 인스타그램, 트위터, 링크드인 등의 플랫폼을 통해 개인들이 손쉽게 자신의 이야기와 전문성을 공유할 수 있게 됐다. 그중에 가장 많은 사람들이 사용하는 플랫폼은 단연 인스타그램이다. 인스타그램을 시작하려면 계정을 만들어야 한다. 계정의 이름은 사용자를 대표하는 첫인상이다. 좋은 계정 이름은 타 계정과 구별이 되게 하고, 전문성을 표현하면서, 나를 기억하기 쉽게 하는 효과를 얻을 수 있어서 중요하다.

인스타그램 계정 이름을 잘 만들기 위해서는 간결하고 명확한 이름 사용, 전문성과 관련성을 표현하는 단어나 문구 사용, 독특하고 기억하기 쉬운 이름 선택, 타깃층과 관련된 요소 포함 등을 고려해야 한다. 고뇌와 시간이 필요한 과정이기도 하다. 하지만 우리는 이 골치 아픈 과정을 우리의 비서, 챗GPT와 함께 간단히 해결해보려 한다.

우리가 3장에서 에그 샌드위치 브랜딩을 처음 시작했을 때와 마찬가지로 '만능 프롬프트 1'을 응용해서 내가 만들 인스타그램 계정의 특징에 대해 챗GPT에게 간단히 설명하자.

만능 프롬프트 29

나는 이번에 [a=소셜 미디어 종류] 계정을 새로 만들려고 해. 우선, 나의 계정에 대한 정보를 알려줄게.

1. [a=계정의 주제]를 할 거야.
2. [b=타깃층]을 타깃으로 할 거야.
3. [c=콘텐츠의 종류]를 할 거야.
4. [d=계정의 종류] 계정으로 만들 거야.

나는 이번에 인스타그램 계정을 새로 만들려고 해. 우선, 나의 계정에 대한 정보를 알려줄게.

1. 나에 대한 퍼스널 브랜딩을 할 거야.
2. 퍼스널 브랜딩에 관심이 있는 사람들을 타깃으로 할 거야.
3. 퍼스널 브랜딩 하는 방법을 알려줄 거야.
4. 비즈니스 계정으로 만들 거야.

번역 결과

I'm trying to create a new Instagram account this time. First of all, let me give you information about my account.

1. I will do personal branding for myself.
2. It will target people interested in personal branding.
3. I'll teach you how to do personal branding.
4. I'm going to make it a business account.

That's great! It sounds like you have a clear plan for your new Instagram account focused on personal branding. Here are some tips to help you get started:

… (중략)

Good luck with your new Instagram account focused on personal branding!

번역 결과

대단해요! 개인 브랜딩에 중점을 둔 새로운 인스타그램 계정에 대한 명확한 계획이 있는 것 같습니다. 다음은 시작하는 데 도움이 되는 몇 가지 팁입니다.

1. 사용자 이름: 개인 브랜드를 반영하는 독특하고 기억하기 쉬운 사용자 이름을 선택하십시오. 철자가 쉽고 기억하기 쉬워야 합니다. 개인 브랜딩과 관련된 이름 또는 단어 조합을 사용할 수 있습니다.
2. 프로필 사진: 개인 브랜드를 보여주는 전문가 수준의 고품질 사진을 사용하세요. 이것은 다른 사람들이 당신을 알아보고 신뢰를 쌓는 데 도움이 될 것입니다.
3. 약력: 개인 브랜딩에 대한 전문성을 강조하는 간결하고 매력적인 약력을 작성합니다. 사람들이 당신을 더 쉽게 찾을 수 있도록 관련 키워드와 해시태그를 포함하세요.
4. 콘텐츠: 개인 브랜딩에 대해 청중을 교육하는 가치 있는 콘텐츠를 만들고 공유합니다. 여기에는 팁, 전략, 개인적인 경험 및 성공 사례가 포함될 수 있습니다. 사진, 동영상, 인스타그램 스토리

를 혼합해 콘텐츠를 신선하고 매력적으로 유지하세요.

5. 해시태그: 개인 브랜딩과 관련된 관련성 있고 인기 있는 해시태그를 사용해 게시물의 가시성을 높입니다. 게시물에서 일관되게 사용할 수 있는 해시태그를 조사하고 목록을 만드세요.
6. 참여: 댓글과 메시지에 응답해 팔로워와 상호작용합니다. 또한 개인 브랜딩 틈새 시장에서 다른 계정과 교류해 관계를 구축하고 가시성을 높이십시오.
7. 일관성: 잠재고객을 유지하고 늘리기 위해 정기적으로 게시합니다. 콘텐츠 일정을 설정해 정리된 상태를 유지하고 항상 콘텐츠를 공유할 준비가 되도록 합니다.
8. 분석: 비즈니스 계정으로 만들 계획이므로 인스타그램의 분석 도구를 활용해 계정의 성과를 추적하세요. 이 데이터를 사용해 콘텐츠 전략을 구체화하고 전반적인 계정 성장을 개선하세요.

개인 브랜딩에 중점을 둔 새로운 인스타그램 계정의 행운을 빕니다!

하나를 알려주면 열을 아는 우리의 친절하고 똑똑한 인턴 비서 챗GPT는 인스타그램을 성공적으로 운영할 수 있는 팁들까지 챙겨줬다. 챗GPT가 배경 정보를 학습했으니, 바로 '만능 프롬프트 8'을 사용해서 인스타그램 계정 이름을 추천받을 수 있다.

사람들이 기억하기 쉬운 계정 이름 5가지를 추천해줘.

번역 결과

Suggest 5 account names that are easy for people to remember.

Here are five Instagram account name suggestions that are easy to remember.

1. BrandingWhiz: This name combines "branding" and "whiz" (an expert), which makes it clear that your account focuses on personal branding expertise. The alliteration of "BrandingWhiz" also makes it catchy and memorable.
2. PersonalBrandMaven: "Maven" means an expert or connoisseur, so this name indicates that you are knowledgeable about personal branding. The use of "PersonalBrand" in the name directly communicates the focus of your account, making it easy to remember.
3. BrandYouGuide: This name suggests that your account serves as a guide for building personal brands. The combination of "Brand" and "You" emphasizes the personal aspect of branding, and the word "Guide" implies that you'll be providing valuable advice and direction.
4. MyBrandJourney: This name tells users that your account documents your own experiences and learnings in personal branding. The use of "My" and "Journey" creates a sense

of relatability and encourages users to follow your progress and learn from your insights.

5. BrandingBlueprints: This name implies that your account offers practical guidance and step-by-step plans for successful personal branding. "Blueprints" suggests a structured approach, which can appeal to users who want clear, actionable advice.

Each of these names was chosen based on their relevance to personal branding, descriptiveness, catchiness, and ease of spelling, making them memorable and suitable for your Instagram account's focus.

번역 결과

다음은 기억하기 쉽고 개인 브랜딩과 관련된 다섯 가지 인스타그램 계정 이름 제안입니다.

1. BrandingWhiz: 이 이름은 "Branding"과 "Whiz"(전문가)를 결합해 귀하의 계정이 개인 브랜딩 전문지식에 초점을 맞추고 있음을 분명히 합니다. "BrandingWhiz"라는 두운도 눈에 띄고 기억에 남도록 만듭니다.
2. PersonalBrandMaven: "Maven"은 전문가 또는 감정가를 의미하므로 이 이름은 개인 브랜딩에 대해 잘 알고 있음을 나타냅니다. 이름에 "PersonalBrand"를 사용하면 계정의 초점을 직접 전달해 쉽게 기억할 수 있습니다.
3. BrandYouGuide: 이 이름은 귀하의 계정이 개인 브랜드 구축을 위한 지침 역할을 함을 암시합니다. "Brand"와 "You"의 조합은 브랜딩의 개인적인 측면을 강조하고 "Guide"라는 단어는 귀중한

조언과 방향을 제공할 것임을 의미합니다.

4. MyBrandJourney: 이 이름은 계정이 개인 브랜딩에 대한 자신의 경험과 학습을 문서화한다는 것을 사용자에게 알려줍니다. "My" 및 "Journey"을 사용하면 관련성이 생기고 사용자가 진행 상황을 따르고 통찰력을 통해 배울 수 있습니다.
5. BrandingBlueprints: 이 이름은 귀하의 계정이 성공적인 개인 브랜딩을 위한 실용적인 지침과 단계별 계획을 제공한다는 것을 의미합니다. "Blueprints"는 명확하고 실행 가능한 조언을 원하는 사용자에게 어필할 수 있는 구조화된 접근 방식을 제안합니다.

각 이름은 개인 브랜딩과의 관련성, 설명성, 기억하기 쉬움, 맞춤법의 용이성을 기준으로 선택되어 기억에 남고 인스타그램 계정의 초점에 적합합니다.

계정 이름 5가지를 추천하면서 선정 이유를 함께 곁들여줬다. 여기서 마음에 드는 것이 없다면 '만능 프롬프트 9'를 사용해서 추천을 더 받으면 된다.

챗GPT의 추천 중에는 BrandingWhiz가 계정의 취지를 가장 잘 담고 있어서 마음에 든다. 그러면 이 이름이 인스타그램에서 사용 가능한지 확인해보자. 인스타그램 회원가입 메뉴에 들어가서 사용자 이름 칸에 추천받은 이름을 입력해보았다. 옆에 'X' 표시가 출력되지 않는다면 쓸 수 있다.

체크를 해보니 사용 가능한 이름이다. 나머지 정보를 입력하고 회원가입을 하면 챗GPT가 지어준 인스타그램 계정이 생성된다.

CHAPTER 9

브랜딩에서의 책임 있는 AI 사용

AI로 이미지를 생성하고 글을 쓰는 등의 창작 행위에 대한 윤리적 문제는 아직 명확히 해결되지 않은 것이 사실이다. 9장에서는 브랜딩 활동을 하면서 다양한 생성형 AI 도구를 사용할 때 저작권을 위배하거나 표절 문제에 휩싸이지 않도록 어떤 것들을 주의해야 하는지 알아보자.

윤리적 고려와 책임 있는 AI 사용

세계 최대의 이미지 영상 플랫폼인 게티이미지Getty Images는 이미지 생성형 AI인 '스테이블 디퓨전Stable Diffusion'을 출시한 스테

빌리티 AIStability AI를 상대로 최대 1조 8,000억 달러에 해당하는 지적재산권 침해 소송을 걸었다. 우리 돈으로 약 2,300조 원에 해당하는 금액이다. 게티이미지 소유의 이미지 수백만 개를 무단으로 사용해 AI에게 학습시켜 이미지를 생성해낸다는 이유였다.

AI로 생성된 이미지에 내 얼굴이 나올 수 있다고?

구글, 딥마인드, 캘리포니아 대학교 버클리 캠퍼스University of California, Berkeley, 취리히 연방 공과대학교ETH Zürich, 프린스턴 대학교Princeton University 연구원으로 구성된 공동 연구팀은 AI에게 데이터 학습용으로 사용된 얼굴 사진이나 그림이 그대로 이미지 생성형 AI에 드러날 수 있다는 연구 결과를 발표했다.[7] 얼굴이 잘 알려진 유명인이나 예술가의 창작물 등, 초상권자나 저작자의 허락 없이 무단으로 이미지가 사용된다는 문제점이 제기된 것이다. 고유한 지식재산인 창작물이 생성형 AI들에게 무단으로 사용되는 사례가 생겨나고 있다.

트럼프 미국 전 대통령이 경찰에 체포되어 끌려가는 사진이 빠르게 확산되어 이목을 끌었다.[8] 이 사진을 만든 범인은 바로 AI다. 실제 사진인지 가짜인지 분간하기 힘든 정도의 사실적인 표현력을 가진 AI 기술이 놀라울 따름이다. 기존 사진이나 영상을 원본에 겹쳐서 합성하는 것을 딥페이크Deepfake라고 한다. 인

출처: Eliot Higgins 트위터

미드저니로 생성한 경찰에 체포되는 트럼프 대통령 이미지

공지능으로 생성된 딥페이크 사진과 영상을 사람의 눈으로는 구분해내기 힘들다.

OpenAI에서는 콘텐츠 탐지기인 Content Detector를 발표해 저작권 침해를 막기 위한 노력을 기울이고 있다.[9] 워터마크Water Mark를 달아 표절을 막는 연구도 진행 중이다. 이러한 문제점을 해소하고자 AI의 책임 있는 사용을 연구하는 비영리단체 '파트너십 온 AIPartnership on AI'가 생성형 AI 콘텐츠를 책임감 있게 사용하는 방법에 대한 가이드라인을 발표했고 OpenAI, 애플, 어도비, 구글, 틱톡 등이 동참하고 있다. 또 어도비에서 운영하는 이미지 · 영상 판매 사이트인 '어도비 스톡'은 생성형 인공지능 콘텐츠 정책을 통해 별도 규정을 만들어서 AI가 생성한 이미지들을 관리하는 방법을 모색하고 있다.

아직 AI 관련 법체계가 충분히 갖춰지지 않았더라도, 각자의 자리에서 윤리적 책임을 다하는 방법을 모색해야 한다. 아버지 차를 타고 여행을 떠나던 어린 시절, 우리는 종이로 된 지도를 보며 길을 찾아다녔다. 커다란 종이에 전국의 도로가 표시된 지도를 보고 따라가다가도 못 찾는 길이 나오면 사람들에게 물어가며 찾아가곤 했다. 처음 가는 길이라 어디로 갈지 몰라서 뱅글뱅글 제자리를 맴돌며 방향을 찾아 헤맸던 기억이 난다. 정확한 길을 알려주는 네비게이션이 생기면서 우리는 더 이상 두 갈래 길에서 어느 길로 들어설지 고민하지 않아도 된다. 하지만 선택의 고민은 여전히 진행형이다. 어느 네비게이션의 안내를 받아야 막히지 않고 빠르게 목적지에 도착할 수 있는지에 대한 문제를 여전히 생각한다. 종이 지도를 벗어났지만 네비게이션의 종류를 선택해야 하는 고민의 연속인 것이다. 시대가 바뀌어도 고민과 선택은 역시 사람의 몫이다. AI를 활용할 때도 마찬가지다. 무작정 AI의 결과물을 가져다 쓸 것이 아니라, 이런 윤리적 문제점이 있음을 인지하고 이용하는 것이 필요하다. 왜냐하면 결과물을 쓸지 말지는 '나'의 선택이기 때문이다.

창작물에 적용되는 다양한 권리

우리나라는 창작물에서 파생하는 권리를 다양한 법으로 보호하고 있다. 대표적인 창작물로 줄곧 우리 책에서 다뤘던 '브랜드'가 있다. 브랜드를 사전적으로 정의하면, 경제 사업자가 자기 상품에 대해, 경쟁업체의 것과 구별을 목적으로 사용하는 기호 · 문자 · 도형 따위의 일정한 표지를 일컫는 용어라고 할 수 있다. 우리나라 말로는 '상표'라고 부르며, 상표권을 등록하여 보호받을 수 있다. 브랜드의 어원은 '불에 달구어 지지다'라는 뜻의 노르웨이의 고어 'brand'로, 동물의 소유권 표식을 위한 단어에서 비롯되어 오늘날 고유한 상표를 지칭하는 용어로 사용되고 있다.

상표권과 저작권이 중요하다는 것은 알고 있지만 어떤 방식으로 주의해서 사용해야 하는지 너무 어렵기만 하다. 브랜딩과 디자인 관련 일을 하다 보면 누구나 한 번쯤은 '내용증명'이라는 것을 받는 아찔한 상황을 경험했을 것이다. 본의 아니게 법을 위반하지 않으려면 관련 개념을 알고, 각 요소들의 이용 허용 범위가 어디까지인지 파악하는 노력이 필요하다. 브랜딩 과정에서 발생하는 창작물의 권리는 어떤 것들이 있는지 살펴보자.

지식재산권

'21세기는 IP 싸움이다'라는 말을 들어보았을 것이다. 지식재산권, 즉 IPIntellectual Property Right는 상표, 디자인, 저작, 콘텐츠 등의 무형자산에 대한 권리를 뜻한다. 인간의 창조적 활동 또는 경험에 의해 창출되거나 발견된 지식 · 정보 · 기술, 사상이나 감정의 표현, 영업이나 물건의 표시 등 무형적인 것으로서 재산적 가치가 실현될 수 있는 것이 '지식재산권'이다. 지식재산권은 산업재산권, 저작권, 신지식재산권을 포함한다. 그중에서도 신지식재산권은 기존의 지식재산권으로 보호가 어려운 신기술에 의한 경제적 가치를 지닌 지적 창작물을 말한다. 컴퓨터 프로그램, 인터넷, 캐릭터 산업, 색채상표, 입체상표가 여기에 속한다.

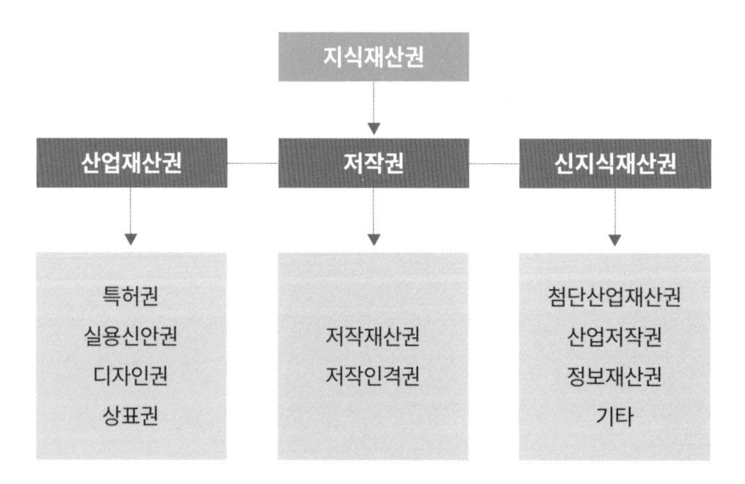

2011년에 '지식재산 기본법'이 제정되어 지식재산에 대한 관리가 이뤄지고 있다. 타인의 지식재산권을 침해하지 않고 우리가 만들어낸 브랜드의 법적 가치를 지키기 위해서는 지식재산권에 대해 바르게 알아야 한다. 지식재산권에 관한 자세한 사항은 한국지식재산보호원(www.koipa.re.kr)과 한국지식재산연구원(www.kiip.re.kr)에서 확인할 수 있다.

상표권

고유한 상표(브랜드)는 고유한 권리를 가진다. 하지만 상표를 창작한 것만으로는 독점적인 권리를 가질 수 없으므로, 상표에 대한 법적인 보호를 원한다면 특허청에 꼭 상표등록을 해야 한다. '상표'란 자기의 상품과 타인의 상품을 식별하려고 사용하는 표장을 말한다. 여기서 말하는 '표장'이란 기호, 문자, 도형, 소리, 냄새, 입체적 형상, 홀로그램 · 동작 또는 색채 등으로써 구성이나 표현 방식에 상관없이 상품의 출처를 나타내기 위해 사용하는 모든 표시이다. 상표에 붙은 기호들이 있다. 이 기호들은 다음과 같이 구분한다.

- **® 등록 상표Registered trademark:** 등록된 상표. 타인이 무단으로 사용할 수 없다.
- **© 저작권Copyright:** 창작물을 만든 저작자가 가지는 배타적인

법적 권리이다.

™ 상표 기호Trademark Symbol: 상표의 표시. 누구나 TM을 붙일 수 있다.

상표출원과 상표등록은 변리사를 통해 특허청에서 진행할 수 있다. 5장에서 언급한 상표등록 현황을 볼 수 있는 사이트 '키프리스'에 동일하거나 유사한 상표명이 없다면 상표등록이 가능할 수 있다. 타인이 먼저 상표를 등록한다면 그 권리를 뺏길 수 있으므로, 브랜딩 과정에서 상표권을 확인하는 과정이 꼭 필요하다. 상표등록 절차는 사전조사 → 출원 → 심사 → 등록 순으로 진행된다. 상표출원 시 당일 또는 1일 내에 즉시 진행되며 출원한 날부터 상표권도 우선적으로 보호받지만, 최종 상표등록은 특허청 심사를 거쳐 약 1.5년 정도 소요된다. 빠르게 상표등록을 하고 싶다면 '우선심사신청'을 할 수 있다. 우선심사신청을 한다면 약 2~3개월이 소요되며 추가 비용이 발생한다.

저작권

저작권법에 따르면 '저작물'은 인간의 사상 또는 감정을 표현한 창작물을 말한다. '저작자'는 저작물을 창작한 자를 말한다. 저작권은 '저작자가 그 자신이 창작한 저작물에 대해서 갖는 권리'다. 저작권자는 저작물을 이용하고자 하는 자에 대해 '배타적발행권'을 설정할 수 있다. 배타적발행권은 이용 허락을 받은 자만이 행사할 수 있는 권리이다. 배타적발행권을 허락받지 않은 자는 해당 저작물을 발행 · 복제 · 배포할 수 없다.

브랜드를 만들면 시각적 이미지 또는 캐릭터를 자주 사용하게 될 것이다. 이러한 미술 저작물을 응용미술저작물이라고 한다. 브랜드 대표 캐릭터를 캐릭터저작자로부터 비용을 지불하고 사용하고자 한다면, 원저작물사용과 2차적저작물 사용에 관한 합의가 이루어져야 한다. 캐릭터의 원래 도안을 원저작물이라고 부르고, 이를 변형 · 각색 · 영상 제작하는 경우 2차적저작물이라고 부른다. 원저작물을 변형해 사용하게 되면 2차적저작물에 대한 합의가 필요하다. 저작자가 사망한 시점에서 70년 이후부터는 저작권이 만료된다. 예를 들어 영국 작가 밀른과 삽화가 셰퍼드의 원작 소설인 《곰돌이 푸Winnie-the-Pooh》의 저작권은 2021년 1월에 만료됐다.[10] 저작권이 만료된 푸의 원작 스토리와 삽화는 누구나 자유롭게 이용할 수 있다. 하지만 원작을 기반으로 제작된 2차 저작물은 저작물 만료 기간이 별도로 존재하니 별도의 허락을 받아야 이용할 수 있다.

가장 많이 발생하는 저작권 관련 이슈는 폰트 파일의 라이선스 위반이다. 폰트는 텍스트를 담는 요소이기 때문에 브랜딩 과정에서도 선택하기 까다롭고, 그만큼 중요하다. 실수를 줄이기 위해서는 타이포그래피, 글꼴, 폰트의 정확한 의미를 먼저 알고 구분할 필요가 있다. '타이포그래피'는 글자를 배치하고 활자의 서체를 구성해 표현하는 것을 뜻한다. 쉽게 말하자면 글자가 들어간 디자인 작업을 타이포그래피라고 총칭한다.

글꼴은 '글의 꼴'로 영어로는 Typeface인데, 문자 그대로 글자의 외모적인 특성을 뜻한다. '서체'와 '글꼴'은 대개 같은 의미로 쓰인다. '폰트'는 폰트 파일을 일컫는 말로, 서체들이 모여 한 벌의 글자꼴 집합이 된 프로그램을 뜻한다. 서체 · 글꼴은 글의 외적인 모양으로, 폰트는 TTF나 OTF 등의 확장자를 가진 프로그램으로 이해하면 좋다. 출력을 위해 크기 · 스타일 · 굵기에 다양하게 변형을 준 폰트들을 묶어서 폰트 패밀리Font Family로 통칭하기도 한다. 흔히 잘 알려진 네이버의 '나눔고딕'이 대표적인 폰트 패밀리 중 하나이다. 네이버의 나눔고딕 폰트 패밀리 안에는 굵기에 따라 가는Light 나눔고딕, 중간Regular 나눔고딕, 굵은Bold 나눔고딕, 아주 굵은Extra bold 나눔고딕 등의 폰트가 포함되어 있다.

'서체', '글꼴', '폰트'라는 표현들을 혼용하는 경향이 있지만 서체 · 글꼴과 폰트는 엄연히 다른 개념이다. 용어를 정확히 구분지어야 하는 이유가 있다. 서체는 디자인보호법의 영향을 받고, 폰트는 저작재산권의 영향을 받기 때문이다. 저작권법 제10조에 따르면 저작권에는 저작인격권과 저작재산권이 있다. 저작재산권은 저작자가 저작물을 스스로 이용하거나 다른 사람이 이용

상업적으로 이용할 수 있는 무료 한글 폰트를 소개하는 사이트 눈누

할 수 있도록 허락함으로써 경제적 이익을 얻을 수 있는 권리다. 서체 · 글꼴을 모방해 로고를 제작하면 디자인 보호법의 처벌을 받고, 폰트 라이선스를 확인하지 않고 다운로드를 받으면 프로그램 무단 다운로드에 대한 저작재산권의 처벌을 받을 수 있으니 주의해서 사용해야 한다.

무료 한글 폰트를 브랜드 로고에 적용하고 싶다면 웹사이트 눈누(www.noonnu.cc)를 추천한다. 눈누는 상업적으로 이용 가능한 한글 글꼴을 모아서 소개하는 사이트이다. 마음에 드는 폰트를 찾아 사용하고 싶다면, 꼭 하단의 라이선스 사항을 확인해야 한다. 눈누 라이선스 요약표의 카테고리 중 'BI/CI' 허용 여부에 O이 표시된 폰트만 로고 디자인에 사용할 수 있다. BI는 Brand

Identity의 약자, CI는 Corporate Identity의 약자로 BI/CI 디자인은 브랜드와 기업의 이미지를 일관성 있게 통일하는 브랜딩 작업을 말한다. 다른 매체에서는 사용 허용이 됐더라도, BI/CI에 이용 허락이 X로 되어 있다면 로고 디자인에 사용했을 경우 라이선스 위반이 될 수 있다.

눈누의 라이선스 요약표에서 허용 여부를 확인했어도, 반드시 폰트 저작권 출처에 기재되어 있는 제작사의 다운로드 페이지로 들어가서 다시 정확하게 확인 후 사용하자. 정확한 라이선스 사항이 확인되지 않은 폰트 파일을 사용하게 되면, 라이선스를 위반했으니 비용을 지불하라는 경고장을 받을 수 있다. 상업적으로 폰트를 사용할 때에는 저작권 확인에 특별히 주의를 기울여야 한다.

눈누에서 제공하는 폰트의 라이선스 종류 요약표

카테고리	사용 범위	허용 여부
인쇄	브로슈어, 포스터, 책, 잡지 및 출판용 인쇄물 등	O
웹사이트	웹페이지, 광고 배너, 메일, E-브로슈어 등	O
영상	영상물 자막, 영화 오프닝 / 엔딩 크레딧, UCC 등	O
포장지	판매용 상품의 패키지	O
임베딩	웹사이트 및 프로그램 서버 내 폰트 탑재, E-Book 제작	O
BI / CI	회사명 브랜드명, 상품명, 로고, 마크, 슬로건, 캐치프레이즈	O
OFL	폰트 파일의 수정 / 복제 / 배포 가능, 단 폰트 파일의 유료 판매는 금지	O

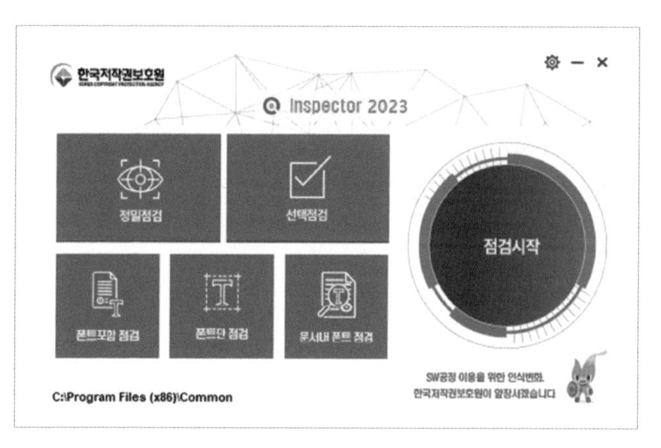

한국저작권보호원이 제공하는 폰트 점검도구

이렇게 저작권에 대한 내용은 법의 보호를 받을 수 있도록 철저히 관리되고 있으니 관련 법령을 확실히 확인하고 사용하기를 권한다. 저작권에 관해 궁금한 사항이 있는 경우에는 국가법령센터(www.law.go.kr)에 게시된 법령을 확인할 수 있다. 한국저작권위원회(www.copyright.or.kr) 웹페이지에 방문해 저작물의 저작권을 등록하고 저작권에 관한 분쟁 조정 상담을 받는 방법도 있다. 또 한국저작권보호원(www.kcopa.or.kr)에서 다양한 정보를 얻을 수 있다. 한국저작권보호원은 저작권 보호 시책을 수립하고 집행 · 심의하는 기관이다. 저작권보호원에서는 이용이 허락되지 않은 폰트 파일과 프로그램들을 점검해주는 '점검도구'를 무료로 배포하고 있다. 한국저작권보호원-자료마당-SW점검도구의 경로를 통해 다운로드 받으면 내 컴퓨터에 설치되어 있는 글꼴 파일 중 이용 허락이 필요한 폰트들을 점검하여 삭제할 수 있으니 십분 활용해보도록 하자.

지금까지 챗GPT와 AI를 활용한 브랜딩 과정에 대해 함께 알아봤다. AI는 놀라운 속도로 발전하고 있으며 하루가 다르게 새로운 기술이 등장했다는 뉴스가 등장한다. 앞으로의 미래는 어떤 식으로 발전할지 그 누구도 예측할 수 없다. 우리가 할 수 있는 일은 최신 뉴스를 접하고 업계의 동향을 파악하면서 지금 주어진 자리에서 최선을 다해 적응하고 다양한 AI 기술들을 적극 활용하는 것이다.

다만 내가 원하는 것이 무엇인지, 내 브랜드에서 추구하고자 하는 방향이 무엇인지는 질문을 하는 본인 스스로 결정해야 함을 잊지 말자. 전문가를 고용해 브랜드로 발전하는 길을 모색하는 과정을 챗GPT를 비롯한 AI가 대신 해주는 것이지 브랜드를 책임지고 브랜딩의 과정을 이끄는 것은 사람임을 기억해야 한다. 앞으로는 다양한 기술들이 생겨남에 따라 윤리적인 문제점들이 속속 드러나고 사회적인 혼란이 야기될 것이다. 명확한 규제가 등장하기도 전에 또 다른 문제점이 드러날 수 있다. 이 시점에서 우리가 갖춰야 할 것은 AI가 알려주는 정보의 홍수에서 잘못된 정보를 스스로 판단해 걸러낼 수 있는 능력과 범람하는 기술 속에서 옳고 그름을 가릴 수 있는 비판적 사고, 흔들리지 않는 올바른 가치관이다. 이 책을 읽고 머릿속에서만 맴돌던 브랜딩 개념들이 정리되면서, 차일피일 미뤄왔던 '나만의 브랜드 만들기'를 시작했다면 이보다 더 큰 보람은 없을 것이다. 필드에서 직접 부딪혀가며 배운 가장 중요한 마음가짐은 '일단 시작하는 것'이다. 처음부터 완벽한 브랜딩은 없으며, 시작 그 자체로 엄청난 도약이다. 아직도 고민만 하며 첫 발걸음을 내딛지 못한 이들에 비하면 여러분은 이미 반 이상 성공한 사람이다.

브랜딩이라는 여정은 오랜 시간과 노력이 필요하다. 여러분이 같은 오류를 반복하지 않고 더 중요한 곳에 그 힘과 열정을 쏟았으면 하는 바람에서, 먼저 경험했던 뼈아픈 시행착오들을 풀어냈다. 이제는 여러분의 차례이다. 이 책은 여러분의 브랜딩에 길잡이가 되고, 앞으로 쏟아질 다양한 AI들은 신뢰할 수 있는 든든한 파트너가 될 것이다. 여러분의 반짝이는 아이디어가 각자의 자리에서 올곧게 빛나는 브랜드로 완성되기를 기대한다.

+ + + 　 # 상황별 만능 프롬프트

각 장에 흩어져 있는 만능 프롬프트를 모아서 제공하니 참고하기 바란다.

챗GPT와 브랜딩 시작 전 정보 전달하기

만능 프롬프트 1 – 상황 설명과 도움 요청

나는 이번에 새로 시작하는 사업에 대한 브랜딩을 하고 싶어. 브랜드 기획과 디자인을 도와줘. 우선, 나의 사업에 대한 정보를 알려줄게.

1. [a=벤치마킹 기업 이름]과 같은 [b=제품 종류] 가게를 만들 거야.
2. [c=장소]에 오픈을 할 거야.
3. [d=타깃층]을 타깃으로 할 거야.
4. [e=추가 제품 특징 설명]이야.

챗GPT와 브랜드 아이덴티티 구축하기

만능 프롬프트 2 – 브랜드 핵심가치 질문

브랜드의 핵심가치를 [a=개수]개로 정의해줘.

만능 프롬프트 3 – 다른 결과 요청

다른 [a=브랜딩 요소]를 [b=개수]개 추천해줘.

만능 프롬프트 4 – 브랜드 스토리 제작 요청

독특하고 기억에 오랫동안 남을 현실적인 브랜드 스토리를 짧게 만들어줘. 우리 브랜드와 설립자 [나]에 대한 정보들을 알려줄게.

1. [a=사업을 처음 접했던 이야기]
2. [b=영감을 받았던 부분]
3. [c=사업을 결심한 계기]
4. [d=브랜드의 고유 가치]
5. [e=브랜드의 철학]

이 정보들과 지금까지 우리가 대화한 내용들을 바탕으로 만들어줘.

만능 프롬프트 5 – 브랜드 메시지 제작 요청

간결하고 수식 어구를 많이 사용하지 않은 [a=브랜딩 요소]를 만들어줘.

만능 프롬프트 6 – 브랜드 톤앤매너 제작 요청

브랜드의 톤앤매너를 이해하기 쉽게 [a=개수]개 설정해줘.

만능 프롬프트 7 – 요약하기 요청

짧게 요약해서 만들어줘.

챗GPT와 브랜딩 요소들 제작하기

만능 프롬프트 8 – 브랜드 이름 추천 질문

[a=원하는 조건 또는 특징] 브랜드 이름 [b=개수]개를 추천해줘.

만능 프롬프트 9 – 추가 답변 요청

[a=개수]가지를 더 추천해줘.

만능 프롬프트 10 – 브랜드 키워드 제작 요청

브랜드 키워드를 [a=개수]가지 만들어줘.

만능 프롬프트 11 – 특정 키워드 빼고 제작 요청

[a=제외하고 싶은 키워드]를 빼고 다른 한 가지를 넣어서 다시 만들어줘.

만능 프롬프트 12 – 브랜드 분위기 제작 요청

우리 브랜드와 어울리는 브랜드 분위기를 정해줘.

만능 프롬프트 13 – 브랜드 모티프 설정 질문

우리 브랜드와 어울리는 브랜드 모티프를 설정해줘.

챗GPT와 브랜드의 비주얼 아이덴티티 제작하기

만능 프롬프트 14 – 브랜드 컬러 설정 질문

브랜드 컬러를 [a=조건] [b=개수]개 정해줘.

만능 프롬프트 15 – 컬러 코드명 질문

컬러 코드를 알려줘.

만능 프롬프트 16 – 폰트 설정 질문

구글 폰트에서 무료로 사용할 수 있고, [a=조건] 폰트를 [b=개수]개 추천해줘.

만능 프롬프트 17 – 추천 이유 질문

이것을 추천한 이유를 설명해줘.

챗GPT와 브랜드의 비주얼 아이덴티티 제작하기

만능 프롬프트 18 – 미니멀한 로고 심볼 디자인

Graphic design logo featuring a [1=만들고자 하는 상품], [2=만든 브랜드 컬러], minimalistic.

만능 프롬프트 19 – 모티프를 적용한 로고 심볼 디자인

Minimalist clear line logo design concept, [1=만든 브랜드 컬러], [2=만든 브랜드 모티프].

만능 프롬프트 20 – 벡터 스타일 로고 디자인

Vector style logo design for a [1=만들고자 하는 상품] named '[2=만든 브랜드 이름]'. [3=만든 브랜드 컬러], keywords for [4=만든 브랜드 키워드 3가지].

챗GPT와 마케팅 전략 수립하기

만능 프롬프트 21 – 홍보용 이메일 제목 만들기

나는 우리 브랜드의 고객들에게 홍보용 이메일을 보내려고 해. 고객들의 관심을 얻을 수 있는 이메일 제목을 5가지 추천해줘.

만능 프롬프트 22 – 아웃바운드 마케팅용 이메일 작성

우리 브랜드의 잠재 고객들에게 보낼 아웃바운드 홍보 이메일을 만들어줘.

만능 프롬프트 23 – 바이럴 마케팅용 후킹 카피 만들기

우리 브랜드에 대한 바이럴 마케팅을 진행하려고 해. 사람들의 관심과 흥미를 끌 수 있는 강력한 후킹 카피라이팅을 5개 만들어줘.

만능 프롬프트 24 – 타깃 고객 심리 분석하기

우선, 네가 우리 브랜드의 [a=제품 이름]을 구매하려는 고객이라고 가정을 해줘. 구매자가 겪을 수 있는 보편적인 문제들을 알려줘.

만능 프롬프트 25 – 경쟁업체와의 비교 차트 만들기

우리 브랜드와 [a=비교를 원하는 실제 주요 경쟁 브랜드들] 간의 제품 비교 차트를 만들어줘.

만능 프롬프트 26 – 마케팅 채널 정하기

우리 브랜드에 가장 효율적인 마케팅 채널에 대해서 알려줘.

만능 프롬프트 27 – ROI 계산하기

우리 브랜드는 [a=마케팅 진행 연도]에 [b=광고 캠페인 종류]를 [c=집행 금액]원 진행하려 하고, 캠페인으로 인해 생기는 예상 기여 마진은 [d=예상 기여 마진]원으로 예상하고 있어. 이 때 단계별 과정을 통해 마케팅 투자 수익률을 계산해줘.

빙 이미지 크리에이터와 상품 이미지 제작하기

만능 프롬프트 28 – 상품 이미지 시안 만들기

[1=상품 종류] NAMED [2=만든 브랜드 이름], [3=만든 브랜드 컬러], [4=만든 브랜드 키워드 3가지].

챗GPT와 인스타그램 계정 이름 제작하기

만능 프롬프트 29 – 인스타그램 계정 정보 알려주기

나는 이번에 [a=소셜 미디어 종류] 계정을 새로 만들려고 해. 우선, 나의 계정에 대한 정보를 알려줄게.

1. [a=계정의 주제]를 할 거야.
2. [b=타깃층]을 타깃으로 할 거야.
3. [c=콘텐츠의 종류]를 할 거야.
4. [d=계정의 종류] 계정으로 만들 거야.

BRAND GUIDE BOOK

브랜드 가이드북

이제까지 함께 쌓아온 브랜드 '선아머'의 브랜딩 프로세스를 가이드북을 통해 한눈에 정리하면서 복습하는 시간을 가져보자. 브랜드 가이드북이란 브랜드 사용에 대한 일종의 설명서이다. 즉 브랜드의 핵심가치, 메시지, 스토리, 이름, 색상, 타이포그래피, 로고 적용 예시 등을 총망라한 비즈니스용 브랜드 가이드라인이다. 가이드북은 직원이나 협력업체에 제공할 수 있다. 브랜드 가이드북은 일정한 기준을 제시하면서, 강력한 브랜드 아이덴티티가 유지되도록 돕는 이정표 역할을 한다. 여러분에게 브랜드 에그나이트와, 선아머의 가이드북 파일을 선물한다. 여러분이 지금까지 만든 브랜딩 결과물을 넣어서 응용이 가능한 템플릿 파일이다. 아래의 QR 코드나 'TELL YOUR WORLD' 웹페이지(tellyourworld.net/book)에 접속해 내려받아서 여러분의 브랜딩에 유용하게 활용하기를 바란다.

무료 브랜드 가이드북 템플릿

DISCOVER

브랜드를 발견하다

브랜드 설립 배경

남성들을 위한 믿을 수 있고 강력한 자외선 차단제, SUNARMOR. 활동적인 남성을 위한 고기능성 자외선 차단제의 필요성을 느꼈습니다. 뜨거운 태양 아래 온종일 활동해도 피부 건강을 지킬 수 있는 확실한 성능을 갖췄습니다. 남성이 자신의 열정을 추구하고 자신 있게 세상을 탐험할 수 있도록 돕습니다.

DEFINE

브랜드를 정의하다

핵심가치

브랜드의 방향성과 차별화된 주목성을 제시합니다.

품질 Quality　혁신 Innovation　신뢰 Trust

지속 가능성 Sustainability　건강 및 안전 Health and Safety

스토리

브랜드의 철학과 가치를 고유한 스토리로 시인성 있게 풀어냅니다.

"대자연을 사랑하고 모험 정신의 중요성을 믿는 브랜드 선아머. 열정 넘치는 남성들을 위해서 엄격한 제조 기준을 마련하고 끈적이지 않는 천연성분 선크림을 만듭니다. 자유로운 야외 활동과 건강한 피부를 위한 선아머의 매력을 경험해보세요."

메시지

브랜드의 이념과 슬로건을 지속성 있게 전달합니다.

> 열정적인 남성을 위한
> 엄격한 품질관리의
> 강력한 자외선 차단 포뮬러

톤앤매너

핵심가치 / 스토리 / 메시지를 일관성 있는 어조로 각인시킵니다.

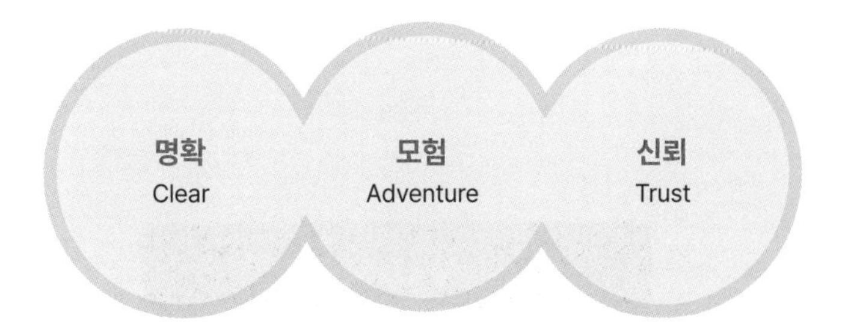

DEVELOP

브랜드를 발전시키다

브랜드 이름

브랜드를 대표하는 고유 명칭으로 우리 브랜드의 제품과 서비스 등을 인식하는 식별자 역할을 합니다.

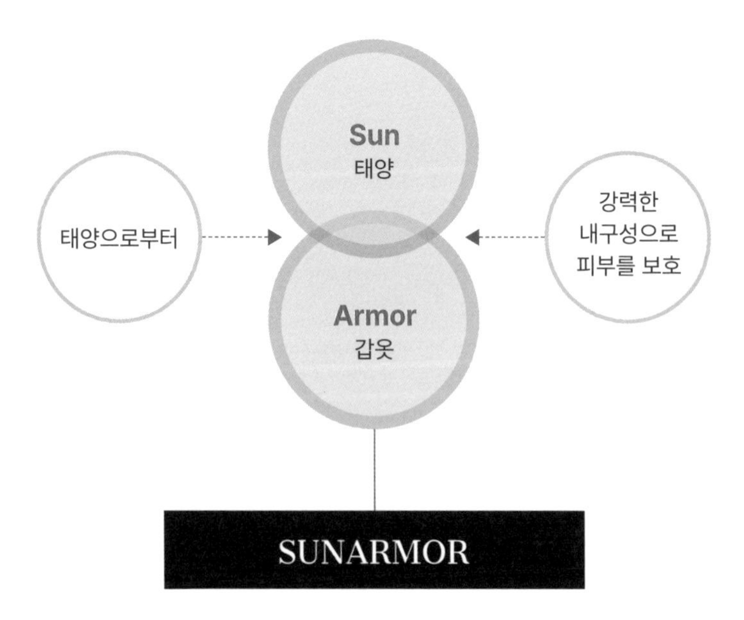

키워드

브랜드 키워드는 핵심가치와 메시지 등을 표현하는 중요한 단어나 구문입니다. 브랜드의 정체성을 명확하게 정의하고 시장에서 차별화되는 브랜드 이미지를 구축하는 데 도움이 됩니다.

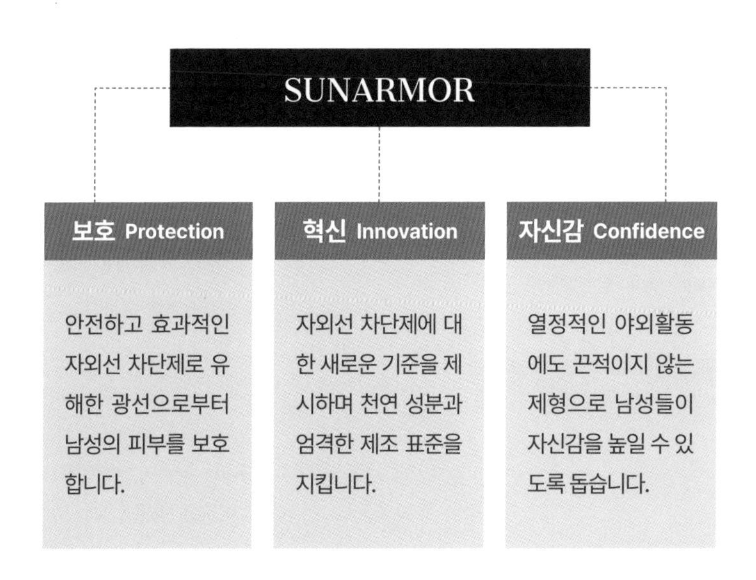

SUNARMOR
보호 Protection
안전하고 효과적인 자외선 차단제로 유해한 광선으로부터 남성의 피부를 보호합니다.
혁신 Innovation
자외선 차단제에 대한 새로운 기준을 제시하며 천연 성분과 엄격한 제조 표준을 지킵니다.
자신감 Confidence
열정적인 야외활동에도 끈적이지 않는 제형으로 남성들이 자신감을 높일 수 있도록 돕습니다.

모티프

브랜드 모티프는 브랜드의 시각적, 감성적, 상징적 요소를 나타내는 디자인 요소입니다. 고객들에게 브랜드와 연관된 감정적인 경험을 제공합니다.

태양과 방패

선아머는 태양의 유해한 자외선으로부터 피부를 보호하는 방패 역할을 합니다. 모티프 '태양과 방패'는 제품의 이점과 효과를 전달하기 위해 로고와 마케팅 자료에 활용됩니다.

활동적인 라이프 스타일

등산과 하이킹과 같은 야외활동과 관련된 모티프는 선아머가 남성의 피부를 보호하면서 활동적이고 건강하게 유지되도록 설계되었다는 인상을 고객에게 전달합니다.

자연적 요소

태양과 같은 자연적 모티프에는 천연 성분을 사용하면서 지속 가능한 브랜드를 추구하는 선아머의 철학이 담겨있습니다. 더불어 환경적 책임에 앞장서는 브랜드 이미지를 전달합니다.

DELIVER

브랜드를 전달하다

컬러

브랜드 컬러는 브랜드를 대표하는 시각적 인식 요소입니다.

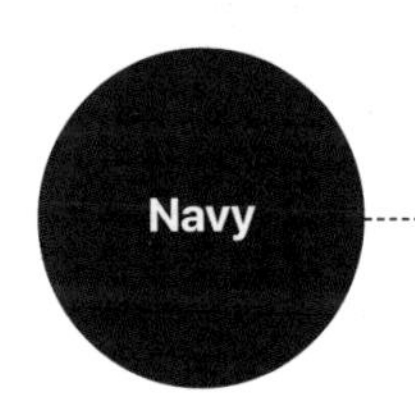

선명하고 명확한 네이비 컬러는 선아머를 사용하는 남성의 활동적이고 강인한 모습을 표현합니다.

HEX #001F3F **RGB** 0 31 63 **CMYK** 100 51 0 75

Pure White

깔끔한 발림성의 제형을 표현합니다.

HEX #FFFFFF

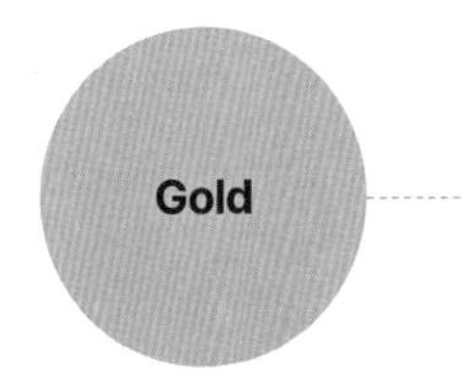

자외선 차단제에 대한 새로운 기준을 제시하는 선아머의 혁신과 철저한 제품 품질을 지키는 브랜드의 철학을 나타냅니다.

HEX #FFC800 **RGB** 255 200 0 **CMYK** 0 22 100 0

로고

해치풀로 생성한 완성형 로고입니다.

타이포그래피

글자의 디자인과 스타일을 다루는 것으로 브랜드의 톤앤매너를 시각적으로 전달합니다.

폰트 Cormorant Semi-bold

폰트 Cormorant는 크리스티안 탈만Christian Thalmann 이 디자인한 세리프 서체로 게라몬드에 영감을 받아 탄생했습니다.

로고 타입

브랜드의 이름을 시각적 요소로 배치한 글자의 조합을 로고 타입이라고 합니다.

로고 심볼

텍스트 없이 브랜드의 정체성을 상징하는 그래픽 요소를 의미합니다. 고유한 시각적 식별자인 로고 심볼을 통해 고객들은 브랜드를 쉽게 인식하고 기억할 수 있습니다.

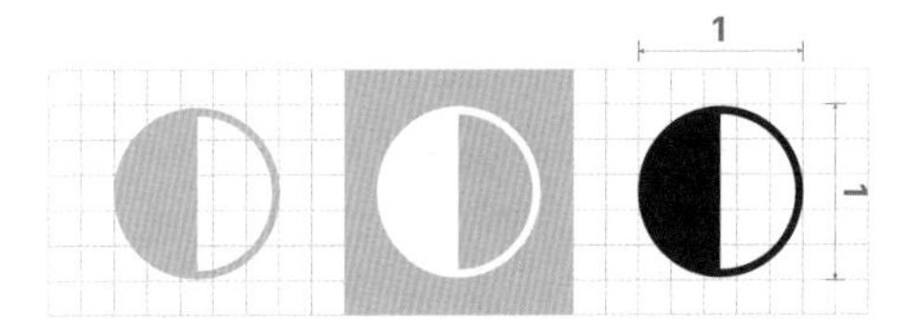

시그니처

브랜드 시그니처는 로고 심볼과 로고 타입의 조합으로 브랜드의 시각적 정체성을 상징합니다.

SAMPLE

브랜드를 적용하다

다양한 형태의 비즈니스 애플리케이션 예제입니다.

명함 size 90mm x 50mm

CEO. SUN KIM
sunarmor@sunarmor.com
sunarmor.co.kr

Street Name, City Name,
State, Country

대봉투 size 330mm x 245mm

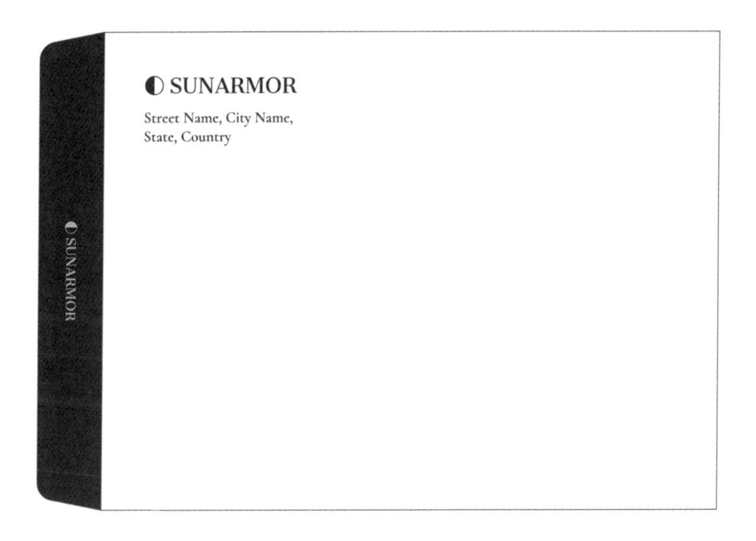

소봉투 size 220mm x 105mm

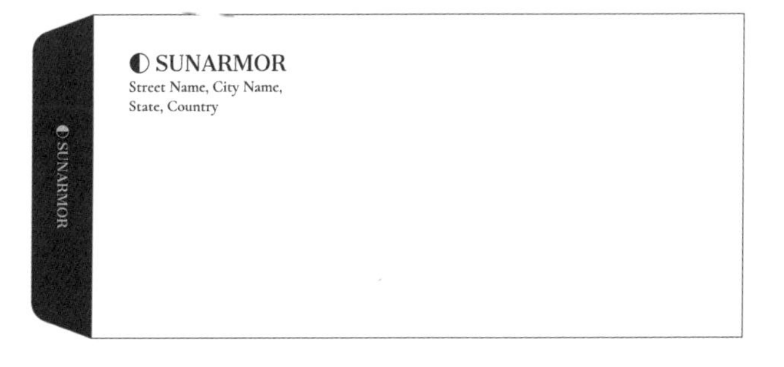

주

1 "월시의 AI를 이용한 브랜딩 작업", 〈한국디자인진흥원〉, 2023년 2월 13일; https://www.dezeen.com/2022/10/18/walsh-isodope-dall-e-2-nuclear-energy-brandin

2 "The World's Smartest Artificial Intelligence Just Made Its First Magazine Cover", 〈COSMOPOLITAN〉, 2022년 6월 21일; https://www.cosmopolitan.com/lifestyle/a40314356/dall-e-2-artificial-intelligence-cove

3 "AI가 디자인한 G-Star RAW의 가상 데님 꾸뛰르 컬렉션", 〈VISLA〉, 2023년 3월 31일; https://visla.kr/news/fashion/214816

4 "'Google is done': World's most powerful AI chatbot offers human-like alternative to search engines", 〈Independent〉, 2022년 12월 2일; https://www.independent.co.uk/tech/ai-chatbot-chatgpt-google-openai-b2237834.html

5 "구글 "검색엔진에 추가할 AI 개발 중"", 〈ZDNet korea〉, 2023년 4월 17일; https://zdnet.co.kr/view/?no=20230417084606

6 "The Amazing Ways Coca Cola Uses Artificial Intelligence And Big Data To Drive Success", 〈Forbes〉, 2017년 9월 18일; https://www.forbes.com/sites/bernardmarr/2017/09/18/the-amazing-ways-coca-cola-uses-artificial-intelligence-ai-and-big-data-to-drive-success/?sh=587bedd678d2

7 "수면 위로 떠오른 이미지 생성AI의 저작권 침해", 〈MIT Technology Review〉, 2023년 2월 25일; https://www.technologyreview.kr/ai-models-spit-out-photos-of-real-people-and-copyrighted-images

8 ""그 사진 봤어? 트럼프 죄수복 입은 거"…진짜인줄 알았는데 가짜라니 [추적자 추기자]", 〈매일경제〉, 2023년 4월 2일; https://m.mk.co.kr/news/economy/10701354

9 "챗봇용 워터마크로 AI 생성 텍스트를 구분하기", 〈MIT Technology Review〉, 2023년 2월 1일4; https://www.technologyreview.kr/a-watermark-for-chatbots-can-expose-text-written-by-an-ai

10 "[취재파일] 악마가 된 '곰돌이 푸'…'저작권 우리'에서 해방된 할리우드 스타들", 〈SBS 뉴스〉, 2023년 2월 14일; https://news.sbs.co.kr/news/endPage.do?news_id=N1007044383&plink=COPYPASTE&cooper=SBSNEWSEND